新編 生命の實相 第55巻

道場篇

弁道聴き書き

下

谷口雅春

Masaharu Taniguchi

光明思想社

編者はしがき

本書は前巻「道場篇　弁道聴き書き」(上)に続く下巻である。

本書もまた多くの難病の奇蹟的治癒や生活上の困難の解決、「生命の実相」の教えに関する質問や疑問など多種多様な問題に溢れている。本文冒頭の幾つかを挙げる。

脚からしびれが始まり、体の上部に及び、ついに左半身が動かなくなり、眼にまで及んで失明した青年は、兄に連れられて生長の家を訪れ、初めて神想観を実修し、その帰り道、湾曲《わんきょく》していた体がスッと伸びた。

次に、少年の頃から「精神病」と言われ、精神病院にも入院した青年がいた。その青年が入院中のとき、谷口雅春先生の著書『生命の奔流《ほんりゅう》』をたまたま読み、「生命の実相」の真理が分かってきた。すると病状はぐんぐんよくなり、谷口雅春先生に「治りました」と報告するまでに回復した。

次に、「生命の実相」を本当に悟れたか判らない、と谷口雅春先生に質《ただ》した質問者がいた。谷口雅発先生は、「『生命の実相』は物質ではない。五官に感じられないものです。それを説明するのだから、ある程度の説明までしか出来るものではない。その説明を、ああだの、こうだのと理窟《りくつ》でこねまわしていても、実相は解《わか》るものではないのです。実相は、実相によって悟るのです。理窟では解らないのが本当です。あなたが澄みきった心になられた、その時が実相を悟った時です」（七〜八頁）と答えられた。

次に、「神想観を致しまして本当に現象なしという境地に入《い》りますと、一切の煩悩《ぼんのう》が無くなってしまうというわけでありますか？」との質問が出された。谷口雅春先生が答えられる。

「煩悩は無くならないでも浄まって来ればよいのです。肉食を好む人が自然淡白なものを好むようになって来る。酒の好きな人がいつか酒を飲まないでもよいことになるのであって、すべて浄《きよ》らかに調和したものとなるのです。食慾が無くなってしまうのではないのですよ」(八頁)

「金の計算や子供への煩悩はどうか」と、この質問者がたたみかける。

「子を愛するのでも、病気になりはせぬかと心配するのは、迷《まよい》を通し、我執《がしゅう》を通して愛するのです。この愛し方が変って来て、我執でなしにひろびろと愛するようになれば好いのです。金でも金そのものは何も汚いことも綺麗なこともない。ただその金を扱う態度や目的が、利己的な慾望《よくぼう》からでなく、本当に人を生かすことになって来るのです。これが煩悩が浄まって来たというのです」(九頁)

次に、誌友会に参加していた五十代の紳士は谷口雅春先生のお話を坐って聞いていたが、やがて体が耐えられなくなり伏せってしまった。付き添いの婦人が脊髄癆《せきずいろう》で手と足と口が不自由だという。医者は「もうだめだ」と言っていたという。

谷口雅春先生は、「駄目なことはありません。治ります。治ります」そして「痛んだ

ら痛む毎《ごと》に罪が消えてしまうのですから、有難いと思うようになさい」（一二頁）

谷口雅春先生のお言葉を聞くと、その息絶え絶えの病者は、大変体が楽になったかのように坐り直し、先生の話を聴き始めたのである。

また、六十二歳の男性が神経痛で苦しんでいた。どんな薬も効果がなかったが、『生命の實相』を読むと、いつしか体のだるさや神経痛が治ってしまっていた。

次に、誌友の夫婦の孫は鼓膜が破れて耳が遠かった。その孫を連れて祖父母は谷口雅春先生に面会した。

谷口雅春先生は、「鼓膜なんか無くても聞えるんですから、そんなに傍《そば》から心配しなくていいんですよ。聞えるのに皆《みん》なで聞えない聞えないというもんだからいけないのだ」と祖父母に向かって言われた。そして谷口雅春先生は「ねえ、よく聞えるね」と今度はその少年に優しい優しい言葉をかけられた。すると、「その少年は先生の被仰《おっしゃ》ることも、又傍《そば》の祖父母の声もよく聞えるらしく、明晰《めいせき》な声で返事もするのであった」（二四頁）

本書で治癒《ちゆ》した病気は、さながら総合病院で扱う多種多様な病気にも匹敵するほどである。不眠症、鼻の病気、脚気《かっけ》、近眼、歯痛、横腹の痛み、喘息、腰の曲がり、扁桃腺炎、癲《てん》癇《かん》、腎臓炎、敗血症、脊髄の病、顔面の慢性腫れ物、慢性下痢、関節炎、リューマチ、腎臓結核、肺病、胃潰瘍、丹毒、脊椎カリエス、頭痛、癰《よう》、肺結核、腸狭窄症、高血圧、胃病、たむし、肋膜炎、慢性中耳炎、心悸亢進等々、実に様々な病気が癒《い》やされている。

このように、本篇『道場篇　弁道聴き書き』は、谷口雅春先生が説かれた「生命の実相」の真理が、いかに多くの人々の人生と生活を救ってきたかの実証篇ともいえるものである。

そして、本書の最後に、この谷口雅春先生の教えが「本物の神の教え」であることを証《あかし》するために、白髪《はくはつ》(白髯《はくぜん》)の老翁《ろうおう》と谷口雅春先生とが一体となった光景が現れ、その光景が何人かの信徒によって目撃されたことを伝えている。その神姿《しんし》は本全集第一巻十九頁の小見出し「生長の家と私」に現れた神姿と通ずるお姿であったであろう。本書の目撃者は言う。「先生の御講演を半ばまで聴いていますと、先生の額のところから、光芒《こうぼう》が――あの野蛮人の酋長《しゅうちょう》の頭飾《あたまかざり》のように光芒が射《さ》して来るのが見えました。あまり有難い感じがしましたので、思わず合掌しまして神想観と同じように瞑目していました。そのうちに、ピタリと歯痛が止まってしまいましたのです。眼をひらいて御講演の声のして来る演壇の方を見ますと、不思議なことには先生のお姿が全然見えないで、白髪《しらが》のとても大きな姿の老翁《ろうおう》が演壇に立っていられるのです。真白い長い眉がとても房々《ふさふさ》として蔽いかぶさるように生え、その口髭も真白で眉と同じく房々している。白髯《はくぜん》が腹のところまで下っていて、実に柔かな温か味のある中に威厳のある御姿でした。(略)その大きな白髪《しらが》の老翁の顔をよく見ていますと、先生のお顔が老翁の顔の真中に小さく見えました」(一五九頁)

多くの読者が本篇を熟読して頂き、この神の姿の顕現を「さもありなん」と理解して頂ければ幸いである。

令和五年二月吉日

谷口雅春著作編纂委員会

道場篇

弁道聴き書き（下）

目次

編者《へんじゃ》はしがき

道場篇《どうじょうへん》　弁道《べんどう》聴《き》き書《が》き（下）

※本文中には目次にない小見出しもあるが、本全集の底本である愛蔵版の目次に従った。頭注版、黒布表紙版等各版の目次も同様である。

第54巻・道場篇　弁道聴き書き（上）

救いは念仏によらず／道を説き道を聴く場合の態度／一切の生物は本来調和している／実相は実相を招び出す／生命を生かす道／生命の真を生きるとは／苦しみは縛ることから起る／ただ他の為に働け／相手の心は自心の影／真の宗教とは／因縁も罪も仮存在／心は無い／自分の尺度を捨てよ／罪の自覚について／神の子の標準を出せ／他の為に生くる歓び／一切の生物相侵すこと無し／神の供給を拒むな／仏教と生長の家の一致を知る

凡例

一、本全集は、昭和四十五年～昭和四十八年にわたって刊行された愛蔵版『生命の實相』全二十巻を底本とした。本書第五十五巻は、愛蔵版第十七巻『道場篇』を底本とした。

一、本文中、底本である愛蔵版とその他の各種各版の間で異同がある箇所は、頭注版、初版革表紙版、黒布表紙版等を参照しながら確定稿を定めた。

一、底本は正漢字・歴史的仮名遣いであるが、本全集は、一部例外を除き、常用漢字・現代仮名遣いに改めた。

一、現在、代名詞、接続詞、助詞等で使用する場合、ほとんど用いられない漢字は平仮名に改めた。

一、本文中、誤植の疑いがある箇所は、頭注版、初版革表紙版、黒布表紙版等各種各版を参照しながら適宜改めた。

一、本文中、語句の意味や内容に関して註釈が必要と思われる箇所は、頭注版を参照しつつ脚註として註を加えた。但し、底本の本文中に括弧で註がある場合は、例外を除き、その箇所のままとした。

一、聖書、仏典等の引用に関しては、明らかに原典と異なる箇所以外は底本のままとした。

一、頭注版『生命の實相』全四十巻が広く流布している現状に鑑み、本書の章見出し、小見出しの下の脚註部分に頭注版の同箇所の巻数・頁数を表示し、読者の便宜を図った。

一、本文と引用文との行間は、読み易さを考慮して通常よりも広くした。

一、本文中に出てくる書籍名、雑誌名はすべて二重カギに統一した。

道場篇

弁道聴き書き（下）

盲《めし》いていて見える眼《め》

神恩《しんおん》に感激《かんげき》して、盲目《もうもく》の不自由《ふじゆう》な身《み》で、体験《たいけん》を語り、誌友《しゆう》を感動《かんどう》さした青《せい》年《ねん》がある。それは七月三日《がつみっか》の午前《ごぜん》のことである。

その青年の兄《にい》さんが、熱心《ねっしん》な誌友だった。今年《ことし》の二月頃《がつごろ》から、その青年は奇病《きびょう》にかかったのである。それは脚《あし》の方《ほう》からしびれて来る奇病だった。だんだんそれが上体部《じょうたいぶ》へ及《およ》んで来る。が、ちょうど勤務先《きんむさき》が忙《いそが》しい時《とき》だったので、押《お》して出勤《しゅっきん》していたが、四月にはとうとう動けなくなって入院《にゅういん》した。左半身《ひだりはんしん》がクナクナになって、キュッとひきつり、弓《ゆみ》のように身体《からだ》が左へ曲《まが》ったきり伸《の》びないのである。脚《あし》も左側《ひだりがわ》はフラフラになってほとんど利《き》かないのだ。おそらく他《た》に類《るい》のない奇病で、病院《びょういん》でも手の施《ほどこ》しようがなかったのである。ところが、その身体《からだ》の痺《しび》れが目にまで上《のぼ》って来て、失明《しつめい》すること

弁道聴き書き　本篇は昭和十二年十一月に『生長の家』誌第八輯第十三号「生長の家記念日臨時号」として「實相随聞録・實相体験随聞録」の表題で発行された

弁道　仏教語。修行に全力を注ぐこと

頭注版㉞一一四頁

盲いる　目が見えなくなること

誌友　狭くは月刊誌『生長の家』の読者を指し、広くは「生長の家」信徒を指す

押して　無理に

になった。始《はじ》めは、視野《しや》が狭《せま》くなって、だんだんにその視野が絞《しぼ》りこまれ、ちょうど、映画《えいが》のしぼりのようにスウッと視野が小さくなって往《い》って、しまいに視野がなくなり、視力《しりょく》を失ってしまったのだ。病院《びょういん》でも手の施《ほどこ》しようがないので、そのまま病院を出たのである。兄《にい》さんが大変熱心《たいへんねっしん》な誌友《しゆう》なので、お母さんと二人《ふたり》ですすめて、その青年《せいねん》を生長《せいちょう》の家本部《いえほんぶ》へ伴《ともな》ったのであった。ところが、最初《さいしょ》の神想観《しんそうかん》をすると、帰《かえ》り道《みち》では彎曲《わんきょく》していた身体《からだ》がスッと伸《の》びた。そして眼《め》の不自由《ふじゆう》はまだ治《なお》らなかったが、脚《あし》の不自由はスッカリ治《なお》って、その日、本部を訪《たず》ねる石の坂道《さかみち》を、目の明《あ》いている人《ひと》よりも確《たし》かに、楽々《らくらく》登ってしまって、自分《じぶん》でも驚《おどろ》いたのだった。そして、今《いま》までクナクナしていて、お茶碗《ちゃわん》を持てなかった左手が治《なお》って、久方《ひさかた》ぶりにお茶碗が持てて美味《おい》しい御飯《ごはん》を喰《た》べたのだといった。

「どこからか判《わか》りません。手からか、脚《あし》からか、胸《むね》からか、どこからか判《わか》りません。けれども、嬉《うれ》しい、有難《ありがた》い心が湧《わ》き出《だ》して、唯々感謝《ただただかんしゃ》の他《ほか》ありませ

神想観　著者が啓示によって得た坐禅に似た観法。本全集第十四、十五巻「観行篇　神想観実修本義」参照

彎曲　弓なりに曲がること

ん。本当《ほんとう》に嬉《うれ》しい、有難《ありがた》い。手からも、脚《あし》からも、胸《むね》からも嬉しい心が湧《わ》き出《だ》します。実相《じっそう》の目はもう見えています。本当の自分《じぶん》の目はもう見えていま す。やがて、本当の目が、肉体《にくたい》にひらけると思っています。」

熱《ねつ》のこもった体験談《たいけんだん》をした。この本当の自分の悟《さと》り、盲《めし》いていいて見える本当の目の悟り、これは尊《とうと》い悟りである。

精神《せいしん》異常《いじょう》癒《い》ゆ

辻幸福氏《つじさちおし》という、これは二十一歳《さい》の青年《せいねん》である。「僕《ぼく》は、精神病者《せいしんびょうしゃ》でした。こんなによくなりました」と言う。

「精神病《せいしんびょう》?・」

先生《せんせい》は、意外《いがい》の面持《おもも》ちで問い返した。身長《しんちょう》五尺《しゃく》八寸《すん》あるという堂々《どうどう》たる好青年《こうせいねん》である。

頭注版㉞一一六頁

五尺八寸 約一七六センチメートル

「わたくしの伜《せがれ》ですが」

と言って、これも、堂々《どうどう》とした体軀《たいく》の老人《ろうじん》が、その青年《せいねん》の話をひきとった。その老人の名は、辻五郎氏《つじごろうし》という。その青年は少年《しょうねん》の頃《ころ》から精神病《せいしんびょう》になった。最近《さいきん》は病院《びょういん》に入《はい》って、治療《ちりょう》しておった。が、『生命《せいめい》の奔流《ほんりゅう》』などを入手《にゅうしゅ》して読むと、年来《ねんらい》の宿痾《しゅくあ》が治《なお》って、こんなに立派《りっぱ》になったのだという。七歳《さい》の頃《ころ》に紐《ひも》にぶらさがって遊んでいて、その紐が切れて、堕《お》ちて後頭《こうとう》部《ぶ》を強打《きょうだ》し、それが因《もと》になって精神《せいしん》に異常《いじょう》を来《きた》したのである。平常《へいじょう》は変《かわ》りないように見える時《とき》もあって、そういう時には、よく記憶《きおく》もあり、理解《りかい》もいいのだが、一度狂《どくる》い出《だ》すと記憶力《きおくりょく》も、理解力《りかいりょく》もなくなって兇暴性《きょうぼうせい》を発揮《はっき》する。教師《きょうし》を殴《なぐ》って、休学《きゅうがく》になるというようなことがある。人《ひと》をナイフで斬《き》りつけて、意識《いしき》が恢復《かいふく》すると知らぬことがある。その為《ため》に、その老父《ろうふ》は、あらゆる術《じゅつ》をつくして恢復《かいふく》を図《はか》ったが、医者《いしゃ》のいうところによると、ちょうど電燈《でんとう》の線《せん》の切れたようなものである。それが不図《ふと》つながるといい具合《ぐあい》に往《ゆ》く

体軀　体つき

『生命の奔流』　昭和十年、生命の藝術社刊。黒布表紙版『生命の實相』第二巻が書店版として普及のために発売された際の書名。本全集第一巻「光明篇」、第五〜七巻「生命篇」にあたる

宿痾　長い間わずらっている病気

が、離《はな》れると又好《またよ》くいかないことになる。後頭部《こうとうぶ》を強打《きょうだ》した時《とき》に、神経系統《しんけいけいとう》の一部分《ぶぶん》が、ちょうど切れた電球《でんきゅう》の線《せん》のような具合《ぐあい》になっているのであるということであった。それ以来《いらい》、お父さんはいろいろの宗教《しゅうきょう》を遍歴《へんれき》した。日蓮宗《にちれんしゅう》も訪《たず》ねた。金光教《こんこうきょう》、天理教《てんりきょう》、「ひとのみち」とあらゆるものを遍歴したが、釈然《しゃくぜん》としない。それで、幸福君《さちおくん》の精神異常《せいしんいじょう》のために辻氏《つじし》の一家《いっか》には常《つね》に暗い影《かげ》がつきまとっていた。

　ところが、幸福君《さちおくん》が入院中《にゅういんちゅう》に『生命《せいめい》の奔流《ほんりゅう》』(『生命《せいめい》の實相《じっそう》』第《だい》二巻《かん》の別《べつ》名《めい》)を入手《にゅうしゅ》して読むと、だんだんと生命《せいめい》の実相《じっそう》が判《わか》って来た。神経系統の切れたり繋《つな》がったりで、精神《せいしん》が異常《いじょう》になったり、平常《へいじょう》になったりするものではないということが解《わか》って来た。そんなことに係《かかわ》りなく完全《かんぜん》なのが本当《ほんとう》の自《じ》分《ぶん》であるということが解《わか》って来た。幸福君《さちおくん》の精神病《せいしんびょう》は、そうして治《なお》ったのである。

「これで徴兵検査《ちょうへいけんさ》を受けられます」

遍歴　巡り歩くこと
日蓮宗　鎌倉時代に日蓮が開いた仏教の宗派。『法華経』を根本経典とし、題目「南無妙法蓮華経」を称える
金光教　教派神道の一つ。安政六年、赤沢文治(川手文治郎)が創始
天理教　教派神道の一つ。天保九年、中山みきが創始
「ひとのみち」　大正五年に御木徳一が御嶽教徳光大教会として立教し、昭和六年に扶桑教ひとのみち教会と改称。昭和十二年に不敬罪で解散を命じられる。昭和二十一年、徳一の長男徳近がＰＬ教団として復興させた
釈然　疑いが晴れてすっきりとすること
『生命の實相』　著者の主著。昭和七年一月黒革表紙版が発行されてより各種各版が発行され、現在までに二千万部近くが発行されている

と言って、お父さんは喜《よろこ》んだ。

そのお父さんの辻五郎氏《つじごろうし》は一年前《ねんまえ》から中風《ちゅうふう》で半身不随《はんしんふずい》になっていた。息子《むすこ》のよくなったのに驚《おどろ》き『生命《せいめい》の實相《じっそう》』を読んで大変《たいへん》よくなったが、理論《りろん》的《てき》には実《じつ》によく解《わか》るが、それで、本当《ほんとう》に悟《さと》れたかと思うと、中々《なかなか》そうはゆかないような気がする。唯《ただ》一度《ど》、神想観《しんそうかん》をしていると、スーッと身体《からだ》が冷蔵庫《れいぞうこ》へ這入《はい》ったような澄《す》み切《き》った感《かん》じになった時《とき》、その時以来《いらい》、半身不随がいつしか消えた。それは、まだ一ヵ月《げつ》程《ほど》以前《いぜん》のことである。しかしまだ「生命《せいめい》の実相《じっそう》」というものが本当に悟れたかどうだか判《わか》らないと言って先生《せんせい》に質《ただ》していた。

「『生命《せいめい》の実相《じっそう》』は、物質《ぶっしつ》ではない。五官《ごかん》に感《かん》じられないものです。それを説明《せつめい》するのだから、ある程度《ていど》の説明までしか出来《でき》るものではない。その説明を、ああだの、こうだのと理窟《りくつ》でこねまわしていても、実相は解《わか》るものではないのです。実相は、実相によって悟るのです。理窟《りくつ》では解《わか》らないのが本当

第二巻　本全集第一巻「光明篇」、第五～七巻「生命篇」

徴兵検査　旧兵役法のもとで、満二十歳に達する男子に対して行った、兵役の適否を判断する検査

中風　脳出血などによる半身不随または手足の麻痺などの症状

半身不随　身体の半分が自分の意志で動かせない状態

五官　外界の事物を感じ取る五つの感覚器官。目・耳・鼻・舌・皮膚

です。あなたが澄《す》みきった心になられた、その時《とき》が実相《じっそう》を悟《さと》った時《とき》です」

と、先生《せんせい》は被仰《おっしゃ》った。

実相は汝《なんじ》の中《なか》にあり

今《いま》井《い》森《もり》五郎《ごろう》氏《し》が先生に尋《たず》ねられた。それは昭和《しょうわ》十年《ねん》七月八日《がつようか》、午前《ごぜん》のことである。

「神想観《しんそうかん》を致《いた》しまして本当《ほんとう》に現象《げんしょう》なしという境地《きょうち》に入《い》りますと、一切《いっさい》の煩《ぼん》悩《のう》が無《な》くなってしまうというわけでありますか？」

先生は答えられた。「煩悩《ぼんのう》は無《な》くならないでも浄《きよ》まって来ればよいのです。肉食《にくしょく》を好《この》む人《ひと》が自然淡白《しぜんたんぱく》なものを好《この》むようになって来る。酒の好《す》きな人がいつか酒を飲まないでもよいことになるのであって、すべて浄《きよ》らかに調和《ちょうわ》したものとなるのです。食欲《しょくよく》が無《な》くなってしまうのではないのです

頭注版㉞一一九頁

煩悩　仏教語。心身を悩ませ苦しめる一切の妄念や欲

淡白　あっさりしていること

よ。」

「金《かね》の計数《けいすう》を好《この》むとか、子を愛する煩悩《ぼんのう》などはどうでしょう？」

「子を愛するのでも、病気《びょうき》になりはせぬかと心配《しんぱい》するのは、迷《まよい》を通《とお》し、我執《がしゅう》を通して愛するのです。この愛《あい》し方《かた》が変《かわ》って来て、我執《がしゅう》でなしにひろびろと愛するようになれば好《よ》いのです。金《かね》でも金《かね》そのものは何《なに》も汚《きたな》いことも綺麗《きれい》なこともない。ただその金《かね》を扱《あつか》う態度《たいど》や目的《もくてき》が、利己的《りこてき》な欲望《よくぼう》からでなく、本《ほん》当《とう》に人《ひと》を生かすことになって来るのです。これが煩悩《ぼんのう》が浄《きよ》まって来たというのです。」

「私共《わたくしども》、聖典《せいてん》『生命《せいめい》の實相《じっそう》』を読ませて頂《いただ》いても、単《たん》に理論《りろん》に止《とど》まるだけなら何《なん》にもならぬと存《ぞん》ずるのでありますが、ところが、この本当に自分《じぶん》のものにするということは誠《まこと》にむつかしいと思われるのでございます。」

「それを読んでいるうちに自然《しぜん》と自分のものになるのですよ。」

「先生《せんせい》は自《みずか》ら体験《たいけん》されて内《うち》から自《おの》ずから悟《さと》られたのでありますから、本当に自

我執　自分の考えや判断にとらわれて離れられないこと

聖典　宗教の教義の根本となる書物

分のものとなっていらっしゃるわけですが、吾々《われわれ》は五官《ごかん》を通《とお》してこれを知るので、結局外《けっきょくそと》からつけるものでありますから、どうも先生《せんせい》と同じように自《じ》分《ぶん》のものとなることがむつかしいと思われるのです。」

「五官を通して知るといわれるけれども、人事不省《じんじふせい》の人《ひと》に読んで聞かせても病気《びょうき》が治《なお》るというのですから、五官を通してとはいわれないでしょう。要《よう》するに銘々《めいめい》の内《うち》にある実相《じっそう》を引出《ひきだ》すのであって、音叉《おんさ》の共鳴《きょうめい》のように、実相の振動数《しんどうすう》の音叉《おんさ》を近附《ちかづ》けると、内なる実相がひびき出すのです。初《はじ》めからあなたのうちに同じ振動数の音叉《おんさ》がなかったら鳴り出すわけはないでしょう。私の本を読めばその真理《しんり》の振動数が、あなたの内にあるものを共鳴さし、あなたの内にあるものが響《ひび》き出《だ》すので、外《そと》からつけ加えるのではないのです」と谷口先生《たにぐちせんせい》は被仰《おっしゃ》った。

人事不省　昏睡状態に陥り、意識を失うこと

音叉　たたくと一定の振動数の音を発生する音響器

共鳴　発音体が他の音波を受けて自然に鳴り出す現象

言葉は癒《い》やす

その時《とき》五十歳位《さいぐらい》の紳士《しんし》が、縁側《えんがわ》で先生《せんせい》の傍《そば》に坐《すわ》っていたが、やがて堪《た》えられなくなったもののように身体《からだ》を横臥《おうが》させる。後《うしろ》から附添《つきそい》の婦人《ふじん》が介抱《かいほう》しているのを見て「いつから悪いのです」と先生はお尋《たず》ねになった。紳士は寝《ね》たまま何《なに》やらいおうとするが、はっきりしない。附添《つきそい》の婦人が代《かわ》って、「脊髄癆《せきずいろう》で手と足とが不自由《ふじゆう》で痛《いた》みまして口も不自由なのでございます。実《じつ》は昨晩《さくばん》私《わたくし》が生長《せいちょう》の家《いえ》の話を致《いた》しましたところ大《たい》へん喜《よろこ》びまして、今迄《いままで》起《た》つことも坐《すわ》ることも出来《でき》なかったのが、自分《じぶん》で坐《すわ》ることが出来、又《また》ちょっとですが起《た》つことも出来たのでございます。それで今日《きょう》は是非《ぜひ》先生の所《ところ》へ伺《うかが》いたいと申《もう》しますのでお邪魔《じゃま》したのでございます。」

「あなたの話だけで、もうそれだけよくなったのですね。」

頭注版㉞一二〇頁

縁側 日本家屋で部屋の外側に設けた板敷

横臥 横向きに寝ること

介抱 病人などの世話をすること。看護すること

脊髄癆 梅毒に起因する中枢神経系統が冒される慢性疾患

「はい、でもお医者《いしゃ》はもう駄目《だめ》だと申《もう》すのです。」先生《せんせい》はじっと病人《びょうにん》を見られて、「駄目なことはありません。治ります。治《なお》ります。」そして「痛《いた》んだら痛む毎《ごと》に罪《つみ》が消えてしまうのですから、有難《ありがた》いと思うようになさい。」

すると、その老人《ろうじん》は今迄《いままで》苦しそうにしていたのが、大変楽《たいへんらく》になったように坐《すわ》り直《なお》して、先生の話を聴《き》き始《はじ》めた。

永井《ながい》さんの話

その頃大森支部《ころおおもりしぶ》をやっていられた西森氏《にしもりし》が起《た》って次のような話を紹介《しょうかい》された。「私《わたくし》の宅《たく》の附近《ふきん》に酒屋《さかや》を開いておられる永井忠助《ながいちゅうすけ》という、六十二歳《さい》の方《かた》が、今迄神経痛《いままでしんけいつう》に悩《なや》んであらゆる薬《くすり》を試《こころ》みられたが効果《こうか》がないので苦しんでおられたところ、数《すう》ヵ月前《げつまえ》『生命《せいめい》の實相《じっそう》』を読んでから後《のち》、いつか身体《からだ》

頭注版㉞一一二頁

のだるさや神経痛《しんけいつう》が消えてしまったのだそうです。そこで先日《せんじつ》の防空演習《ぼうくうえんしゅう》には、（註《ちゅう》。その頃《ころ》は戦時《せんじ》であった）ちょうど防護団《ぼうごだん》の救護《きゅうご》班長《はんちょう》をしておられたので六十二歳《さい》の老体《ろうたい》にもかかわらず若い人々《ひとびと》と一緒《いっしょ》になって徹夜《てつや》で演習《えんしゅう》に働《はたら》かれ、折柄《おりから》の豪雨《ごうう》で下着《したぎ》までびしょ濡《ぬ》れになりながらも、疲労《ひろう》も無《な》く何《なん》ともなかった。そればかりでなくその演習中実《えんしゅうちゅうじつ》に不思議《ふしぎ》な現象《げんしょう》が起《お》こったのです。それはその永井忠助《ながいちゅうすけ》氏《し》が暁方《あけがた》の四時頃《じごろ》区役所《くやくしょ》の前《まえ》のアンペラ敷《し》きの上《うえ》で休息《きゅうそく》されながら『濡《ぬ》れた着物《きもの》を家《うち》へでも帰って着換《きか》えようかな』と思いつつ一寸《ちょっと》うとうととされたのだそうです。ところが一方同氏《いっぽうどうし》のお宅《たく》の方《ほう》では午前《ごぜん》五時すぎ表《おもて》の雨戸《あまど》を叩《たた》く者《もの》があって『開《あ》けてくれ』という声《こえ》は、てっきり御主人《ごしゅじん》の声なので女中《じょちゅう》さんが起《お》き出《で》て開《あ》けられたが誰《たれ》もいない。その声は確《たし》かに二階《かい》にいた長男《ちょうなん》と甥《おい》との二人共《ふたりとも》聞いて知っていた。同《どう》朝《ちょう》七時頃《ごろ》御主人が帰宅《きたく》されたので『先刻《さっき》お帰りになって又《また》どこへお出《いで》になったのですか』と皆《みな》が聞くと御主人も怪訝《けげん》な顔附《かおつき》で、そんな時《とき》に帰ったことは

防空演習　空襲による被害を最小限にくいとめるために行った実地訓練

防護団　戦時下の防空業務の機関として軍部の指導で各市町村に組織された警防団体

折柄　ちょうどその時。折しも

アンペラ敷き　アンペラの茎を打って編んだ莚（むしろ）

女中　お手伝いさんの旧称

怪訝　いぶかしく思うさま

ないといわれる。結局《けっきょく》御主人《ごしゅじん》の霊魂《れいこん》が帰って来たのであるということになり、皆々《みなみな》その事実《じじつ》の神秘《しんぴ》さに驚嘆《きょうたん》した。永井《ながい》さんもその体験《たいけん》から熱心《ねっしん》に今《いま》『生長《せいちょう》の家《いえ》』を各知人《かくちじん》に御紹介《ごしょうかい》になっておられます。」

栗原清吉《くりはらせいきち》氏《し》の体験談《たいけんだん》

私の所《ところ》へ見える方《かた》の一人《ひとり》に、自転車屋《じてんしゃや》のお内儀《かみ》さんがあります。学校《がっこう》の直《す》ぐ下《した》に住んでいられる方《かた》ですが、以前《いぜん》私はこの方《かた》の子供《こども》さんの耳の遠いのを治《なお》してあげたことがある。そんなことから信用《しんよう》したものと見えまして私宅《わたしたく》へ見えたのです。これがひどい神経痛《しんけいつう》とヒステリー。一見《いっけん》しても眼《め》の色《いろ》が異《ちが》う。笑うと何《なん》となく、こう気味《きみ》が悪い。まことに暗い印象《いんしょう》の方《かた》なのであります。毎日《まいにち》始終《しじゅう》常習《じょうしゅう》頭痛《ずつう》で頭《あたま》がグラグラする。見るものがちらつく。そして片眼《かため》は霞《かす》んでハッキリ見えない。随《したが》ってまあ、家事《かじ》その他《た》何《なに》ひとつ出来《でき》

『生長の家』 著者の個人雑誌として昭和五年三月一日に創刊された。本全集第三十一～三十三巻「自伝篇」参照
頭注版㉞一二三頁

ヒステリー 神経症の一つ。精神的な葛藤や鬱屈が身体症状や精神症状となって現れ、感情を統御できずに発作的に激しい興奮状態を呈する

ないでいるのです。私はお内儀《かみ》さんに申《もう》しました。「それゃ、あなた、頭《あたま》がグラつくんじゃない、あなたの心がグラつくんですよ。頭は決《けっ》してグラつくものじゃない」と。ここで私に不図《ふと》、何《なに》かこの病気《びょうき》のそれと自覚《じかく》されるような動機《どうき》なり原因《げんいん》なりがあるのではないか、と思えて来たのでした。で以前何《いぜんなに》か非常《ひじょう》に驚《おどろ》いたといったような事《こと》が無《な》かったかどうかと訊《き》いてみますと、果《はた》して二《ふた》つの原因があったのです。一《ひと》つは自家《じか》の出火《しゅっか》。もう一つは主人《しゅじん》が出《で》先《さき》で自動車《じどうしゃ》にハネられ、入院重態《にゅういんじゅうたい》だという報《しら》せで仰天《ぎょうてん》、駆《か》けつけたことがある——と、こうなのであります。それ以来《いらい》、どうも自分《じぶん》ながら頭、身体《からだ》の調子《ちょうし》が変《へん》だというのです。「それだ。驚くこと、これをとらなくてはならぬ。これがよくなかったのです。これからは何事《なにごと》があっても、そんなに取乱《とりみだ》すんじゃない。何《なに》よりも先《ま》ず、じいっと心を落《お》ち着《つ》けるんですよ。で、この『吃驚《びっくり》』を取るには、先《ま》ず『吃驚《びっくり》』のとり方《かた》からしっかり覚《おぼ》えてとらねばならぬ。」こんなふうに話し始めたわけでした。私はこれ迄《まで》、延《の》べ人員《じんいん》にし

延べ人員　全部を寄せ合わせた総人数

ておそらく百人《にん》以上《いじょう》の病気《びょうき》を治《なお》しております。正直《しょうじき》に申《もう》せば、私は今迄《いままで》のところ『生命《せいめい》の實相《じっそう》』を拝読《はいどく》したのは只《ただ》の一回《かい》に過《す》ぎないのです。お恥《はず》かしながら多忙《たぼう》に負けて、ほんとに只《ただ》の一回だけなのです。それでいながら、拝読僅々《きんきん》四日《よっか》にして最早《もはや》私自身《わたしじしん》が治《なお》っているのであります。『生命《せいめい》の實相《じっそう》』その他《た》パンフレット少々《しょうしょう》――随《したが》って「生長《せいちょう》の家《いえ》」に関《かん》する私の知識《ちしき》は甚《はなは》だ少《すく》い。理会《りかい》も至《いた》って乏《とぼ》しい。こんな状態《じょうたい》――言わば「生長の家」の序《じょ》の口《くち》で、しかし、こうあっさりと病気が治《なお》っている。私が他《ひと》を治《なお》すにもその治《なお》し方《かた》は病人《びょうにん》に二言《ふたこと》三言《みこと》、根本的《こんぽんてき》な点《てん》を話してあげると、それで直《す》ぐに治《なお》ってしまうのであります。即《すなわ》ち私は神を信ぜねばならぬと申《もう》します。『甘露《かんろ》の法雨《ほうう》』にも、「神こそ渾《すべ》ての渾《すべ》て」とあるのであります。私は断《だん》じてこれでなければならぬと確信《かくしん》しているのであります。ただしかし漠然《ばくぜん》と言葉の上《うえ》で「神」と申すだけでは理解《りかい》されない。ぴったりとは通《つう》じない。殊《こと》に勤務先《きんむさき》(学校《がっこう》)の位置《いち》からして、何事《なにごと》も農村関係《のうそんかんけい》にありますので、私は農村《のうそん》の方々《かたがた》

僅々　わずかに。たったの

パンフレット　『生命の實相』の内容を薄い小冊子に分け、「生長の家叢書」や「光明叢書」等のシリーズとして刊行した

理会　物事の道理を理解し会得(えとく)すること

序の口　相撲で最下位の番付。物事が始まったばかりであること

『甘露の法雨』　昭和五年に著者が霊感によって一気に書き上げた五〇五行に及ぶ長詩。『甘露の法雨』の読誦により、今日に至るまで無数の奇蹟が現出している。本全集第三十五・三十六巻「経典篇」参照

の直接《ちょくせつ》に納得《なっとく》の行《ゆ》く極《ご》くくだけて解《わか》り易《やす》い言葉、仕方《しかた》を以《もっ》て話しているのであります。――私はお内儀《かみ》さんに申《もう》しました。

――あなたは、自分《じぶん》の子に男の子が欲《ほ》しいとて、欲《ほっ》したままに男のお子さんを得《え》たのですか、はじめから三人《にん》欲しいといって、思《おも》い通《どお》りに三人のお子さんを得《え》たのですか。世間《せけん》でもいう、子供《こども》は神様《かみさま》の授《さず》かりものだってね。ほんとに、自然《しぜん》と授かるんですよ。そうでなくて男の子何人《なんにん》、女の子何人と思ったって、これはどうすることも出来《でき》ない、ね。この何《なん》でも創《つく》る力何《ちからなん》でも為《な》す力――それを神というんですよ。村などによくある、犬かなんかを祀《まつ》ったあれじゃない。私達《わたしたち》が希《ねが》っても希《ねが》わなくとも、ちゃんと何《なん》でも無限《むげん》に与えていて下《くだ》さる力《ちから》。この力で一日《にち》一日、一時間《じかん》一時間と生きているのが、この私達人間《わたしたちにんげん》なのです。この事《こと》をよく知りなさい。あなたの身《み》の丈《たけ》はも少し伸《の》びたいと思ったって、自分の力だけじゃ、どうにもならぬ。だからといって神様は決《けっ》して苦しい窮屈《きゅうくつ》なものじゃない。神様の内《うち》、神様の懐《ふところ》にお

身の丈　身長

ればほんとにのんびりと自由《じゆう》だ。神様《かみさま》の外《そと》にいるから、神様を自覚《じかく》しないから、物事《ものごと》一《ひと》つ一つ不自由《ふじゆう》で窮屈《きゅうくつ》でのんびりしないのです。ね、あなた、神様と一緒《いっしょ》に生きなさい、神様そのものを生きなさい。神様はいつも働《はたら》き通《どお》しなんですよ。私達《わたしたち》の知らない間《あいだ》にも、この世界《せかい》は動いている、地球《ちきゅう》はちゃんと廻《まわ》っている。知らないでいても心臓《しんぞう》は動いている。眠《ねむ》っていても呼吸《こきゅう》はしている。親《おや》のあなたが寝《ね》ていても、お子さんは、ちゃんと育っている。神様が働いていられるのです。この事実《じじつ》、神様は働き通しだという、この事実をよくお知りなさい。さ、あなたも神様のように、神様と一緒《いっしょ》になって、働くんですね。勝手《かって》の仕事《しごと》、家庭《かてい》の整理《せいり》、何《な》んでもさっさとやるんですよ。あなた、朝早い？　え、遅《おそ》いんですね。水も御主人《ごしゅじん》が汲《く》む？　それはいけない。それじゃ、まるで主婦《しゅふ》としての立場《たちば》がない。頭《あたま》がグラつくのは当《あた》り前《まえ》ですよ。働きなさい。朝早く起きてね。水も自分《じぶん》の手で汲む、ね。あなたは一《いっ》体《たい》治《なお》りたくないんですか。治《なお》りたい？　それじゃ、お治《なお》りなさい、薬《くすり》じゃな

勝手の仕事　台所の仕事

水を汲む　世帯ごとの蛇口による上水の供給が普及する以前には、共同井戸や路地の共同水栓に水を汲みに行くことが日課であった世帯が多かった

い。私のこの話、この言葉で治《なお》るんですよ。何《なに》のひっかかりもなく、サラリと治《なお》るんです。以前《いぜん》お子さんの耳の遠かったのも、あなたが一日《にち》ぶらぶらしてて、始終《しじゅう》ブツブツいうんで、それが原因《げんいん》したんです。あなたのそのブツブツが聞きたくないので耳が塞《ふさが》ったんですよ。先《ま》ず働《はたら》きなさい。次はブツブツいいなさるな。子供《こども》を可愛《かわい》がるんですね。優《やさ》しくするんですね。決《けっ》して怒《おこ》りなさるな。気持《きもち》がグラつくから、怒《おこ》るようにもなる。朝の挨拶《あいさつ》にしても、折《せっ》角先方《かくせんぽう》で「お早《はよ》う」というのに、こちらでむっつり黙《だま》っていたら、誰《たれ》だって不愉快《ふゆかい》でしょう。「お早う」といわれたら、あなたもニコニコ「お早う」と、返すようにすることですね。——

私はなお色々《いろいろ》「愛」と「働くこと」とを説《と》いてあげ、病気《びょうき》の第《だい》一の原因《げんいん》である「驚《おどろ》くこと」について、又《また》次のように話してあげました。——驚いた時《とき》、火事《かじ》は消えましたか？ 電報《でんぽう》を見て驚いた時、御主人《ごしゅじん》は治《なお》りましたか？ 心配《しんぱい》しただけ、驚いただけ、それだけ却《かえ》ってあなたは自家《じか》の火事を大きくし、御主人《ごしゅじん》の病気《びょうき》を重くしたのです。あなたが乱《みだ》れた心の油《あぶら》を注《そそ》いだからですよ。私達人間《わたしたちにんげん》は神様《かみさま》の力《ちから》を措《お》いては何一《なにひと》つ出来《でき》ぬのだから、驚《おどろ》くことも、心配《しんぱい》することも何《なに》もいらない。全能《ぜんのう》の神様には驚くということはない。水にも溺《おぼ》れない、火にも焼けない、そういうお強い神様が何《なん》で驚きなさることがあろう。あなたはそういう神様と一緒《いっしょ》に生きていなさるのだ。だから、もうこれから決《けっ》して驚きなさるな。火事《かじ》にも電報《でんぽう》にでも、何《なん》にでももう驚きなさるな。家《いえ》の前《まえ》に自動車《じどうしゃ》が停《とま》ると夜半《よなか》でもハネ起《お》きる。そんなことでは駄《だ》目《め》ですよ。ああ、働《はたら》きなさい。文句《もんく》をいいなさるな。驚きなさるな。神様と一緒なんだということを忘れなさるな。――

それで、その日は帰られたのであります。その日からしばらくして、娘《むすめ》さんの喉《のど》の痛《いた》みを治《なお》して上《あ》げたその御礼心《おれいごころ》を兼《か》ねて元気《げんき》よくやって来られました。あれ以来《いらい》ずっと働いている。お掃除《そうじ》やら勝手仕事《かってしごと》やら、これ迄《まで》と異《ちが》って実《じつ》に軽々《かるがる》と出来るというのです。先日《せんじつ》もお天気《てんき》がよいので子供達《こどもたち》と一緒に

措く 別にする。さしおく

御礼心 感謝の意を表して報いたいという気持ち

外へ出て、お芋畑《いもばたけ》の除草《じょそう》をやった。ちょうどそこへ紙芝居《かみしばい》が来たので、遊《あそ》び旁々《かたがた》子供達《こどもたち》はそれを見に行った。その間《あいだ》、二時間《じかん》ばかりで片手《かたて》――このお内儀《かみ》さんは手も悪いのですが――を吊《つ》ったまま、ひとりで皆《みな》、草を除《と》り尽《つく》してしまった。帰って来た子供達が「母《かあ》さん、済《す》まなかった」という、実《じつ》に自《し》然《ぜん》な素直《すなお》な口の利方《ききかた》なのです。「いいえ、お前達《まえたち》がいない間《あいだ》に母さんが皆《みん》な除《と》っておいたからね」と、これも実《じつ》に自然に和《なご》やかに応《こた》えていた。こんなに嬉《うれ》しく気持《きもち》のよい事《こと》はなかったというのであります。聞いていて私もまた心から嬉しかったことでした。で、こんなふうにもうほとんど治《なお》ってしまっているのですが、正直《しょうじき》には、まだ少し変《へん》だ。眼《め》が片方《かたほう》やはりボーッとして見えない。それに日向《ひなた》へ出ると、まだどうも頭《あたま》がグラつく、というのです。「それあ、成程《なるほど》変ですねえ。そうですかねえ」と私も少し妙《みょう》な気です。「それじゃ、あなたは曇《くも》った日か、夕方頃《ゆうがたごろ》にだけ仕事《しごと》をしているのですね?」と訊《たず》ねると、そうだという。日向《ひなた》だけは嫌《いや》だという。

紙芝居 本書執筆当時の紙芝居は二十枚一組の肉筆の絵紙を木枠に挿入したもの。自転車の後ろに木枠を組んで拍子木を叩き、街頭で子供達に見物させた。飴などの駄菓子を売る営業法がとられた

——それじゃ、——と私はいいました。——あなたまるで鼹鼠《もぐらもち》じゃないか。鼹鼠《もぐらもち》は日向《ひなた》へ出ると死ぬという。あなたも日向《ひなた》へ出ると死ぬんですかね？　仮《かり》にも神の子のあなたが、折角《せっかく》神の子を自覚《じかく》したあなたが、それではまるで鼹鼠《もぐらもち》と一緒《いっしょ》になってしまうではないか。お天気《てんき》の日は出ない。夕《ゆう》方《がた》でもなければ出ない。曇《くも》り日《び》には出る。神の子が鼹鼠《もぐらもち》と一緒。これあ困《こま》る。これあ変《へん》だ。確《たし》かに変ですね。さ、これからは日向に出て働《はたら》きなさい。神の子が日向《ひなた》へ出て働くのは当然《とうぜん》ではないですか、光明《こうみょう》を見る心になんなさい。暗い方《ほう》ばかり見る心でいるから心が光明を見ないで眼《め》を閉じている。だから片眼《かため》がボーと暗くて見えないのです。日向《ひなた》へ出て思い切って働きなさい。——

　さて一昨日《いっさくじつ》のこと又《また》お内儀《かみ》さんは見えたのですが、すっかりもうよくなったのです。ああ私にいわれて、日向《ひなた》へ出て仕事《しごと》をすると、スーと幕《まく》が落ちたように、見えるようになったというのです。自分《じぶん》も余程《よほど》嬉《うれ》しいと見え、まる

鼹鼠　もぐら

で気が変《へん》じゃないかと噂《うわさ》される程《ほど》、近隣《きんりん》へ色々《いろいろ》触《ふ》れ廻《まわ》っているという話であります。――畢竟《ひっきょう》、「病気《びょうき》」とは病者《びょうしゃ》の「実相《じっそう》」を観《み》れば、かくも容易《ようい》に手軽《てがる》に滞《とどこお》りなく消えるのであります。即《すなわ》ち病気は本来無《ほんらいな》いからなのであります。私未《ま》だ『生長《せいちょう》の家《いえ》』誌友《しゆう》としての日も浅く、その理会《りかい》も乏《とぼ》しいながら、既《すで》にこのように色々と尊《とうと》いお蔭《かげ》を得《え》ているのであります。実《じつ》に谷口先生《たにぐちせんせい》を通《つう》じまして、神を知らしめられ、神と偕《とも》なる無限《むげん》に豊《ゆたか》な生活《せいかつ》を生きつつあるを得《え》ますことを、皆様《みなさま》、誌友《しゆう》の方々《かたがた》と共《とも》に深く深く感謝致《かんしゃいた》す次第《しだい》であります。

畢竟　つまり。結局

子の病気は親《おや》の心の影《かげ》

頭注版㉞一二九頁

京都《きょうと》の三上《みかみ》さんに紹介《しょうかい》されて誌友《しゆう》になられた中村房太郎《なかむらふさたろう》氏夫妻《しふさい》がその御《お》孫《まご》さんを一人《ひとり》伴《つ》れて来られた。御孫《おまご》さんは鼓膜《こまく》が破《やぶ》れて耳が遠いということを訴《うった》えられるのである。

「鼓膜《こまく》なんか無《な》くても聞《きこ》えるんですから、そんなに傍《そば》から心配《しんぱい》しなくていいんですよ。聞《きこ》えるのに皆《みん》なで聞《きこ》えない聞《きこ》えないというもんだからいけないのだ」と谷口先生《たにぐちせんせい》はいわれて、

「ねえ、よく聞《きこ》えるね」と今度《こんど》はその少年《しょうねん》に優《やさ》しい優しい言葉をかけられた。事実《じじつ》その少年は先生《せんせい》の被仰《おっしゃ》ることも、又傍《またそば》の祖父母《そふぼ》の声もよく聞《きこ》えるらしく、明晰《めいせき》な声《こえ》で返事《へんじ》もするのであった。

「これの妹《いもうと》になりますのが又春頃自動車《またはるごろじどうしゃ》に轢《ひ》かれましてね。六《むっ》つになるのでございますが、頭《あたま》を両側《りょうがわ》から半分《はんぶん》ずつも縫《ぬ》う程《ほど》の大きな怪我《けが》でございましたが、その手術《しゅじゅつ》の間中《あいだじゅう》、胸《むね》の上《うえ》で両手《りょうて》を合掌《がっしょう》しまして、『もうええか、もうええか』と訊《き》くだけで痛《いた》がらずにいました。側《そば》で念《ねん》じてやっていました為《ため》か手術後《しゅじゅつご》も痛がりませず、医者《いしゃ》が一ヵ月《げつ》で治《なお》るといわれましたら本当《ほんとう》に一ヵ月で治《なお》りましたが、怪我《けが》とか病人《びょうにん》とかはどうして出来《でき》るものなのでご

明晰 明らかで、はっきりした

ざいましょう？」と、その子の祖母《そぼ》に当《あた》る老婦人《ろうふじん》は訊《き》くのである。「幼児《ようじ》の病気《びょうき》とか怪我《けが》とかは皆親《みなおや》の心のあらわれであるから、親があまり取越苦労《とりこしくろう》したり、尖《とんが》った心を持ったり、周囲《しゅうい》と調和《ちょうわ》しない心を持ったら、それがいろいろの形《かたち》をもって子供《こども》にあらわれるから、親の心が改《あらた》まったらいい」と谷口先生《たにぐちせんせい》は申《もう》された。

その老婦人は更《さら》に言葉をついだ。「この子は生《う》まれて三日《みっか》ばかり硝子《ガラス》の箱《はこ》の中《なか》に入《い》れられて育ちました故《せい》か、一月《ひとつき》ばかり月足《つきた》らずで生《う》まれたもので、大変《たいへん》良《よ》い子ですけれど只身体《ただからだ》が弱いのが……」といいかけるや先生《せんせい》はその言葉を叩《たた》き消《け》すようにいわれた。「そんなふうにいうのだからいけないのだ。耳だって聞《きこ》えないのではない、よく聞《きこ》えているのだ。それを皆《みな》で弱いとか聞《きこ》えないとかいって言葉や念の力《ちから》でそうしてしまうんですよ。」そして少年《しょうねん》の顔《かお》を見つめながら、「もう悪いところはない。お母さん、お父さん、御祖父《おじい》さん、御祖母《おばあ》さんのいうことをよくききなさいね。益々《ますます》よくなりますよ。」同《どう》

取越苦労　将来のことについて無用の心配をすること。本全集第十三巻「生活篇」下巻所収の「取越し苦労するなかれ」等参照

硝子の箱　保育器を指すと思われる。胎外の自然環境では生存の難しい新生児に生存可能な環境を与えるために考案された装置

月足らず　早産すること

同座　同じ席に居合わせること

座《ざ》の者《もの》がほろりとする程《ほど》、本当《ほんとう》に優《やさ》しく優しくいわれるのであった。「昨年《さくねん》背中《せなか》に癰《よう》が出てから、又顔中《またかおじゅう》にブツブツが出来《でき》て、不思議《ふしぎ》でしょうがございませんが」と今度《こんど》は爺《じい》さんの方《ほう》が訊《たず》ねる。

「心の中《なか》で有難《ありがた》いという気持《きもち》がなく、ブツブツいうからでしょう。心の中《なか》でいうからそれはわからないがねえ」と谷口先生《たにぐちせんせい》は被仰《おっしゃ》った。

実相《じっそう》の世界《せかい》に病気《びょうき》は無《な》い

その時山本英輔《ときやまもとえいすけ》さんの御紹介《ごしょうかい》で井上夫人《いのうえふじん》とその兄《にい》さんが先生《せんせい》の近くへ入《はい》って来られた。その兄さんになる人《ひと》が注射薬《ちゅうしゃやく》の中毒《ちゅうどく》で不眠《ふみん》になった事《こと》を訴《うった》えられたのである。先生はその経過《けいか》をきかれてから被仰《おっしゃ》った。

「あなたは、その不眠症《ふみんしょう》が心で怖《おそ》れている為《ため》に起《おこ》ったのではない、私は別《べつ》に不眠症を怖れていなかったと申《もう》されますが、それは表面《ひょうめん》の心ではやはり

癰　皮下に浅くできる悪性のはれもの

頭注版㉞一三一頁

山本英輔さん　明治九〜昭和三十七年。鹿児島県生まれ。海軍大将。山本権兵衛内閣総理大臣の甥

そう思われるでしょうが、しかし、奥底《おくそこ》の心に巻《ま》かれてあるネジ、つまり業《ごう》が巻かれてあって、それがネジの戻《もど》る時、目覚時計《めざましどけい》の鈴《りん》がリーンと鳴るように、業《ごう》もいろいろの形《かたち》にあらわれて消えるのです。この業《ごう》という物《もの》は人間本《にんげんほん》来《らい》の姿《すがた》なる仏《ほとけ》の子神の子の実相《じっそう》を悟《さと》り、ネジの巻いてない世界《せかい》に入《はい》ると、もうネジももどるということもないのであります。この間《あいだ》こんな話をする人がありましてね。その人は鼻《はな》が悪くて、コカインを使用《しよう》するとスーッと通《とお》るんです。それがだんだん頻繁《ひんぱん》になりまして――やらなくてはならないようになって極量《きょくりょう》の四倍《ばい》も使うようになったのですが、『生命《せいめい》の實相《じっそう》』を読むようになると、その用量《ようりょう》が四分の一になったのです。それでようやく極量にまで減《へ》ったのが、或《ある》日《ひ》神想観《しんそうかん》をしていると『実相《じっそう》の世界《せかい》には病気《びょうき》はない。病気がないからコカインというものはない。コカインというものがなければコカイン中毒《ちゅうどく》というものもない』ということを深く思われたのであります。すると気持《きもち》がスーッとよくなって、それ以来《いらい》スッカリ全快《ぜんかい》せられたという事《こと》で

業　身・口・意による善悪の行為は必ず何かの原因があり、さらにその行為は次の行為に大きく影響する。その繰り返しを総称する言葉

コカイン　cocaine コカ葉の主成分で麻薬の一種。局所麻酔剤としても用いられる

極量　劇薬や毒薬を一回に摂取できる最大限の分量

ありました。あなたのは中毒《ちゅうどく》ではなく、唯習慣《ただしゅうかん》でそうなっているのですから、すぐなおりますよ」と深切《しんせつ》に教《おし》えられた。

この時座敷《ときざしき》の半《なか》ば後方《こうほう》から中年《ちゅうねん》の婦人《ふじん》が声《こえ》をかけられた。杉並《すぎなみ》の小山《こやま》みちさんといわれる。

「私《わたくし》は永年《ながねん》の脚気《かっけ》で随分《ずいぶん》苦しみましたが朝晩《あさばん》『甘露《かんろ》の法雨《ほうう》』を誦《よ》んでいましたら、朝など脚《あし》を持上《もちあ》げることさえ出来《でき》なかったひどい脚気《かっけ》がまるで忘れたように治《なお》ってしまいました。今《いま》では自分《じぶん》の仕事《しごと》も出来るようになりまして本当《ほんとう》に有難《ありがと》うございます。その他《ほか》に神経痛《しんけいつう》、胃腸《いちょう》も悪かったのですが、それも皆《みな》すっかりよくなりました。まだございます。不眠症《ふみんしょう》でありましたし、近眼《きんがん》でもありました。それもよくなりまして、あそこの木《き》の葉《は》の間《あいだ》などでもここから明るく見えるようによくなりました。」この人《ひと》は全《まった》くあらゆる病気《びょうき》が一時《いちじ》に皆《みな》よくなったお礼《れい》をいっているのである。

「それは結構《けっこう》でした。病《やまい》は皆《みな》同じもとだから、一《ひと》つよくなれば皆よくなるん

脚気　ビタミンB_1の欠乏から起こる疾患。下肢のだるさ・むくみなどの症状が現れる

ですよ」と谷口先生《たにぐちせんせい》は被仰《おっしゃ》った。

争《あらそ》う心を止《や》めよ

谷口先生は一人《ひとり》の婦人《ふじん》に向《むか》って話し出された。その婦人というのは地代《じだい》が上《あが》らないが請求《せいきゅう》した方《ほう》がいいか、このまま黙《だま》ってもって来てくれるのを待った方《ほう》がよいかということを訊《たず》ねたのだ。谷口先生は「千葉《ちば》の人《ひと》でね、鉱山《こうざん》に関係《かんけい》していたのであるが社員解雇《しゃいんかいこ》の際《さい》、その人も解雇される事《こと》になり、その時口約束《ときくちやくそく》で重役《じゅうやく》から千円程貰《えんほどもら》う約束《やくそく》をされた。ところがそれから一向《いっこう》くれそうもない。口約束の時には弁護士《べんごし》も立会《たちあ》っていたのでありますが、その弁護士は会社側《かいしゃがわ》の弁護士でどうにもならない。そこでその方《かた》の兄《にい》さんになられる方《かた》が訴訟《そしょう》を起《おこ》しましょうかと十日程前《とおかほどまえ》に相談《そうだん》に来られた。その時私がどういいましたかと申《もう》しますと、『何《なに》も証拠《しょうこ》になるべきものがない。争う心を

頭注版㉞一三三頁

地代 土地を借りた者が地主に支払う借地料
上る 家賃や地代、収益などが受け取り手に収められること
千円 現在の約二百万～三百万円に相当する
一向 少しも。全然

起《おこ》したら向《むこ》うでもやるまいと頑張《がんば》るにちがいない。そうなったら駄目《だめ》になりましょう。そうしないで心の世界《せかい》で先方《せんぽう》と調和《ちょうわ》されたらよい。払《はら》うべきものを払わないのは、心の縺《もつ》れがあって、調和していないのであるから、やるまいと思ったらくれるものでない。会社《かいしゃ》の金《かね》だから一千円位《くらい》の金《かね》はやろうと思えば楽《らく》に出される性質《せいしつ》のものだから、神想観《しんそうかん》をして心の調和をはかられるならばうまく解決《かいけつ》するでしょう』といって帰したのです。ところが昨夜《さくや》来られていよいよ貰《もら》えることになったといわれました。心で調和して、その人《ひと》をいい人だとお思いになればいいのです。」

真《しん》の自尊《じそん》について

谷口先生《たにぐちせんせい》の御話《おはなし》が終《おわ》ると中村房太郎《なかむらふさたろう》さんが又訊《またたず》ねられた。「私《わたくし》はちょっと人のいった言葉に引《ひっ》かかり薬《くすり》もやめていたのに歯が悪くなり又横腹《またよこはら》も痛《いた》み、

頑張る　自分の考えを押し通すこと。我を張ること

頭注版㉞一三四頁

自尊　自分を尊ぶこと

医者《いしゃ》にかかっていますが、この横腹《よこはら》のいたむのは血管硬化《けっかんこうか》の為《ため》だといいまして激動《げきどう》をさせぬようにという事《こと》でありました……」

「激動させる程《ほど》よいのです。動かしておれば血管は硬化しない」と谷口先生《たにぐちせんせい》は心の恐怖《きょうふ》を奪《うば》うような語調《ごちょう》であった。「じっとしておくから硬化し、動かすと危《あぶな》いというのですが、始終《しじゅう》動かしていたら、硬化はしないのです。横腹の痛《いた》いのは、あんたの我《が》の強いということのあらわれで、人《ひと》を軽蔑《けいべつ》する、いわゆる片腹痛《かたはらいた》いという気持《きもち》があるからであります。自分《じぶん》は総《すべ》ての人の僕《しもべ》であるという心になれば治《なお》りますよ。自尊《じそん》というのは『生命《せいめい》の実相《ほんとうのすがた》』についての自尊である。仮相《にせもの》についての自尊ということになると、それは迷《まよい》の自《じ》尊心《そんしん》で、我《が》が強いということになるのであります。一切《いっさい》のものの僕《しもべ》となる打《うち》砕《くだ》かれた心というのはキリストがその弟子《でし》の足を洗った心であって、それはつまり一番《ばん》低く謙遜《へりくだ》った時《とき》、一番高く上げられる心なのであります。一旦《いったん》にせものの我《われ》を粉々《こなごな》に打砕《うちくだ》く時、そこから本当《ほんとう》に実相《じっそう》が現《あらわ》れて出るのでありま

片腹痛い　そばで見ていて苦々しく思う

僕　召使い

キリスト　キリスト教の始祖。紀元前四年頃〜三十年頃。ナザレの大工ヨセフと妻マリアの子として生まれた。パレスチナで教えを宣布し、多くの奇蹟を起こした。ローマのユダヤ総督ピラトによって磔に処された

弟子の足を洗った　『新約聖書』「ヨハネ伝」第十三章に記されたキリストの行為。本全集第五十巻「宗教戯曲篇」中巻第五幕第二場等参照

す。柔《やわらか》い心になりなさい。血管《けっかん》も柔《やわらか》になり血管硬化《けっかんこうか》ということもないのであります」と先生《せんせい》は被仰《おっしゃ》った。

子は親《おや》の鏡《かがみ》

又一人《またひとり》の老婦人《ろうふじん》がその身辺《しんぺん》に起《おこ》った若い人《ひと》の乱《みだ》れた恋愛《れんあい》について解決策《かいけつさく》を相談《そうだん》せられた。

「それは親の心がうつっているので、親が自省《じせい》したらいいのですよ。子は親の鏡ですから、親がそれに似《に》たようなものだといえますねえ。」

「ところが、その親御《おやご》さん達《たち》はとても真面目《まじめ》な固《かた》い人達《ひとたち》なんですが……」と老婦人はいうのだった。

「その真面目《まじめ》ということがあぶないのだ」と谷口先生《たにぐちせんせい》は被仰《おっしゃ》った。

「真面目《まじめ》なふうでも有島武郎《ありしまたけお》さんのような人もありますしね。大体表面真《だいたいひょうめんま》

頭注版㉞一三五頁

自省　自分で反省する。行為の善悪を自分で考える

有島武郎さん　明治十一年～大正十二年。小説家。志賀直哉や武者小路実篤らと共に『白樺』創刊に参加。有島生馬・里見弴の実兄。著作は『カインの末裔』『生れ出づる悩み』『或る女』など

面目《じめ》な人《ひと》は、思っている事《こと》を表面《ひょうめん》に表《あらわ》さないで心に握《にぎ》っているものですが、心に思った事はどこかで実行《じっこう》されるものなのです。だから形《かたち》にあらわれて初《はじ》めてその心がわかるので、又《また》形にあらわれれば心に思った事は消えるのです。だから口先《くちさき》で猥談《わいだん》を闘《たたか》わす人は心が形にあらわれて消えて行《ゆ》くから割《わり》合品行方正《あいひんこうほうせい》なものです。青柳有美《あおやぎゆうび》という『性《せい》』の本ばかりを書く人がありますが、あの人は大変品行《たいへんひんこう》の好《よ》い人だそうです。それを心の中《なか》でじっと握っている人が真面目《まじめ》に見えるわけで本当《ほんとう》はそういう人はあぶないのですね。『ネソが事《こと》する』というのがそれです。類《るい》をもって集《あつま》るということは親《おや》の心が子にあらわれるということでもありますから、親が『生命《せいめい》の實相《じっそう》』を読めばよろしいのですよ。一人出家《いちにんしゅっけ》すれば九族救《きゅうぞくすく》われるのであります。」

「本当に先生《せんせい》の被仰《おっしゃ》る通《とお》りです。私《わたくし》がそうでした」と一人《ひとり》の中老婦人《ちゅうろうふじん》が自《じ》分《ぶん》の夫婦生活《ふうふせいかつ》のことを長々《ながなが》と話し出した。その話はなかなか尽《つ》きなかった。

十二時《じ》近い頃又別《ころまたべつ》の老婦人《ろうふじん》が先生の御傍《おそば》近くへ寄《よ》られて次のようにいわれ

猥談　みだらな話

品行方正　行いがまじめで正しいさま

青柳有美　明治六〜昭和二十年。評論家。随筆家。明治女学校の教師、『女学雑誌』主幹、『女の世界』主筆、宝塚音楽歌劇学校嘱託等を歴任した。独特の女性観に基づいた評論集を多数刊行した

「ネソが事する」　普段はのろまでおとなしそうな人がかえって思いもよらない事を引き起こすこと

類をもって集る　似通った者、波長の合う者は自然と寄り集まること

一人出家すれば…　仏教のことわざ。一人でも出家すれば九族(自分を中心に先祖・子孫各四代の計九代)が天に生まれるとの意。清代の俗語典拠集『通俗編』の「釈道」の巻等にみられる

た。

「私《わたくし》の孫《まご》で十二歳《さい》になるのと九歳になるのと二人《ふたり》ありますが、上《うえ》は喘息《ぜんそく》で苦しみ、下のは鼻が悪くて外国《がいこく》にいました時《とき》鼻の手術《しゅじゅつ》をしましたが、僅《わず》か三日治《みっかなお》ったきりで直《す》ぐ又《また》悪くなったので、その後日本《ごにっぽん》へ帰りましてから日本《にほん》大学病院《だいがくびょういん》へ四ヵ月《げつ》も通《かよ》っていたのです。ところが、ふと『主婦之友《しゅふのとも》』五月号を読みまして――私《わたくし》はそんな雑誌《ざっし》など見たことはないのですが、その日に限《かぎ》りちゃんと机《つくえ》の上《うえ》に一冊《さつ》きり載《の》せてあるのです。それを何《なん》の気《き》なしにちょっと中《なか》をあけて読みますと、先生《せんせい》のことがありました。それで五月初《はじ》めに御伺《おうかが》いしまして、その孫の両親達《りょうしんたち》にも読ませようとしましたところ、母親《ははおや》の方《ほう》は読みましたが父親《ちちおや》の方《ほう》はなかなか読みません。五月十九日軍人会館《ぐんじんかいかん》に御講演《ごこうえん》がありました時《とき》、私《わたくし》と娘《むすめ》(孫の母親)とでその父親を引張《ひっぱ》って参《まい》りましたところ、その話を御聴《おき》きしました翌日《よくじつ》、孫の喘息《ぜんそく》の悪い子も鼻の悪い子も両方《りょうほう》とも、すっかり消えてしまったのでございます。両親が御話《おはなし》を御聴《おき》き

中老　五十歳位の年頃。四十歳を初老というのに対する語

喘息　気管支の炎症の慢性化で咳などの症状をきたす疾患

『主婦之友』　大正六年に石川武美が創刊した婦人家庭雑誌。昭和十年五月号に生長の家探訪記事「奇蹟的な精神療法の真相を探る」が掲載された。服部仁郎ほか多くの人々の治病体験記が大きな反響を呼んだ

軍人会館　昭和九年に在郷軍人会の主導により東京の九段に竣工した施設。昭和三十二年に九段会館に改称

しましたら、その子供《こども》の病気《びょうき》が消えたのでございます。有難《ありがた》いことだと家《いえ》中《じゅう》御礼《おんれい》申上《もうしあ》げているのでございます」と感謝《かんしゃ》せられるのであった。この病気の治《なお》られた孫《まご》さん達《たち》の名は、福間《ふくま》とよ子さんと、同豊民《どうとよたみ》さんといわれる。

姑《はは》と調和《ちょうわ》す

或《あ》る日《ひ》、生長《せいちょう》の家《いえ》に、太田《おおた》たけさんという婦人《ふじん》が見えられて、神と偕《とも》に生きる今日《きょう》この頃《ごろ》の悦《よろこ》びを包《つつ》み切《き》れずに語られるのであった。以下《いか》太田さんの言葉を、そのまま藉《か》りる事《こと》にする。

「私《わたくし》には、唯今《ただいま》六十九歳《さい》になる姑《はは》がございますが、真宗《しんしゅう》に凝《こ》り固《かた》まっておりまして、他《た》の宗教《しゅうきょう》の話には全然《ぜんぜん》耳を傾《かたむ》けないといったような、万事《ばんじ》に頑《かたくな》な心の持主《もちぬし》でありました。

私《わたくし》はこの姑《はは》の許《もと》で、何《なん》とかして調和したいと祈《いの》りながら、二十九年《ねん》の歳《さい》

頭注版㉞一三八頁

姑（しゅうとめ）夫または妻の母

真宗 浄土真宗。鎌倉時代初期に法然の弟子親鸞によって立てられた浄土教の一派。阿弥陀仏による救済、他力本願を宗旨とする

頑 頑固で、自分の考えや態度を変えようとしないさま

月《げつ》を送って参《まい》ったのです。不図《ふと》した事《こと》で生長《せいちょう》の家《いえ》を知らせて戴《いただ》きましてから、姑《はは》は私《わたくし》が『生長の家』誌《し》を読むたびに嫌《いや》な顔《かお》をさえされるのでした。

けれど、いつかはきっとこの真心《まごころ》が解《わか》って戴けると信じまして、私《わたくし》は先《ま》ず自分自身《じぶんじしん》を救《すく》うために一所懸命《いっしょけんめい》『生長の家』誌を拝読《はいどく》しました。

或《あ》る日《ひ》、『甘露《かんろ》の法雨《ほうう》』を誦《よ》んでおりますと、平常《ふだん》は見向《みむ》きもしないはずの姑《はは》が、どうした事《こと》か私《わたくし》の後《うしろ》にキチンと坐《すわ》って、頭《あたま》を垂《た》れて聴《き》いているのです。それからというものは、まるで別人《べつじん》のようになられまして、今迄《いままで》は自《じ》分《ぶん》の事《こと》以外《いがい》には何一《なにひと》つした事のない方《かた》でしたのに、何《なに》かと優《やさ》しく私《わたくし》の事までして下《くだ》さるようになりました。それればかりでなく、私《わたくし》が生長《こちら》の家に伺《うかが》いたいと思う場合等《ばあいなど》、ニコニコしながら、『サアサアゆっくり行《い》っておいで』といってくれる程《ほど》になりましたのです。本当《ほんとう》に有難《ありがと》うございました。」

黙《だま》って頷《うなず》きながら聴《き》いておられた谷口先生《たにぐちせんせい》は、心から嬉《うれ》しさのあまり低頭《ていとう》

低頭　頭を低く下げて礼をすること

する太田《おおた》さんを、愛深い眼光《まなざし》で眺《なが》められながら、

「それはようございましたねえ」

と、これも謙遜《けんそん》に頭《あたま》を下げられたのだった。

〇

「あのう、それから……」

こう言葉をつぎ足してから太田さんは、「姑《はは》が五、六年前《ねんまえ》から神経痛《しんけいつう》を患《わずら》って以来《いらい》、腰《こし》が曲《まが》ってしまわれたので、何《なん》とかして治《なお》してあげたいと思っていますが、一体《いったい》どうしたら良《よ》いでしょうか?」と、質問《しつもん》された。

谷口先生《たにぐちせんせい》は即座《そくざ》にお答えになった。

「お姑《しゅうとめ》さんの頑固《がんこ》に痛《いた》む心は治《なお》っているのですから、『甘露《かんろ》の法雨《ほうう》』を誦《よ》んでおあげになり『サア、もうこれでお腰《こし》は伸《の》びますよ!』と力強《ちからづよ》くいってあげれば、言《ことば》は創造主《かみ》ですから、言《ことば》の力《ちから》でお姑《かあ》さんの腰は直《じき》に伸びますよ。誰《たれ》の背後《うしろ》にも、実相《じっそう》はいつも輝《かがや》いているのですからねえ。」

謙遜　相手を敬う気持ちを表すために自分を低くすること

既《すで》に実相《じっそう》は実相と相触《あいふ》れている

「先生《せんせい》」と、このとき後《うしろ》の方《ほう》から太い男の声《こえ》がした。

「『甘露《かんろ》の法雨《ほうう》』を各国語《かくこくご》に翻訳《ほんやく》して戴《いただ》けないでしょうか？　今迄《いままで》、吾々《われわれ》が異国《いこく》の方達《かたたち》から受けた恩恵《おんけい》はかなりに深いものですから、今度《こんど》はその御恩《ごおん》返《がえ》しとして、この尊《とうと》い生長《せいちょう》の家《いえ》の教《おし》えを異国人《いこくじん》の諸霊《しょれい》に差上《さしあ》げたいのですが。」

谷口先生《たにぐちせんせい》は静かに被仰《おっしゃ》った。

「それは翻訳《やく》しても翻訳《やく》さないでもよろしい。実相の世界《せかい》で相触《あいふ》れるものは、言語《げんご》ではなくして念波《ねんぱ》なのですから——だからもし、私達《わたしたち》が神という思念《しねん》を送ったならば、外国人《がいこくじん》の霊魂《れいこん》には、それはGOD《ゴッド》と響《ひび》くのです。」

頭注版㉞一四〇頁

異国　外国

念波　人が放つ思いや感情が起こす波動

生長《せいちょう》の家《いえ》に年齢《ねんれい》は無《な》い

「『環境《かんきょう》は心の内《うち》にあり』ということについて」――という切出《きりだ》しで、大橋《おおはし》さんはこんな微笑《ほほえ》ましい話をされた。大体《だいたい》を記《しる》すと――大橋さんにはお子さんがないので、子供《こども》が電車《でんしゃ》の中《なか》なんかで泥靴《どろぐつ》をビシャビシャさせているのを見ると、沁々《しみじみ》と子供は暴君だと思われるのであった。そして大橋さんが、心に子供を憎悪《ぞうお》する念《ねん》、排斥《はいせき》する念《ねん》を持っていられる間《あいだ》は、子供の方《ほう》でも大橋さんに近づき、懐《なつ》いて来ようともしなかった。

ところが、或《あ》る日月光殿《ひげっこうでん》の誌友会《しゆうかい》に出席《しゅっせき》された時《とき》、谷口先生《たにぐちせんせい》の御話《おはなし》の後《あと》で野村義隆講師《のむらよしたかこうし》が「生長の家には齢《とし》はありませんよう！　私は赤《あか》ん坊《ぼう》なんですよう！」と叫《さけ》ばれた瞬間《しゅんかん》、大橋さんの冷《つめ》たく閉《とざ》されていた魂《たましい》の扉《とびら》は静かにひらかれて、長い間《あいだ》忘れていた感激《かんげき》が滾々《こんこん》として溢《あふ》れ出《で》て来るのだっ

頭注版㉞一四〇頁

切出し　話し始め

暴君　人々を虐げて苦しめる君主。転じて、横暴で自分勝手な人

月光殿の誌友会　東京都文京区の護国寺にある月光殿で開かれた誌友会。昭和十年六月より著者によって『甘露の法雨』講義が行われた。その講義内容は本全集第三十五・三十六巻「聖典講義篇」に収録されている

誌友会　月刊誌等をテキストとして信徒同士が開く研鑽会

野村義隆講師　生長の家草創期の熱心な信徒の一人。『生命の實相』全集にもたびたび登場する

滾々　水などが尽きることなくさかんに湧き出るさま

た。

「自分《じぶん》は今《いま》まで子供《こども》と大人《おとな》を区別《くべつ》して、子供を嫌《いや》な存在《そんざい》だと思っていたけれど、実《じつ》は自分も赤《あか》ん坊《ぼう》なんだ。子供なんだ。そして皆一体《みないったい》の神の子なんだ。天地一切《てんちいっさい》のものと仲好《なかよ》く手をつないで朗《ほが》かに楽しく歌う姿《すがた》——これこそ、本当《ほんとう》の人生《じんせい》の姿なんだ。」魂《たましい》の底《そこ》からすっかり甦《よみがえ》られた大橋《おおはし》さんが、非常《ひじょう》に愉快《ゆかい》な気分《きぶん》で御宅《おたく》に帰られると、いつもは来た事《こと》のない近所《きんじょ》の子供が遊びに来てお菓子《かし》を食べたりして遊んで行《い》った。その翌日《よくじつ》は今度《こんど》は多勢《おおぜい》の仲間《なかま》を引《ひっ》張《ぱ》って来て又《また》お菓子を食べたり本を読んだりして遊んで帰った。

「それからというものは、『オジサン！　オジサン』と、すっかり子供等《こどもら》の良《よ》い遊《あそ》び相手《あいて》になってしまいましたよ」と、「環境《かんきょう》は心の中《うち》にある」という尊《とうと》い体験《たいけん》を語《かた》り終《お》えられた大橋さんは、まるで子供のように朗《ほが》らかに笑われるのであった。

病気《びょうき》は認《みと》めては治《なお》らぬ

松本太郎《まつもとたろう》さんという人《ひと》がある。お子さんが扁桃腺《へんとうせん》を腫《は》らして、そのためか学校《がっこう》の成績《せいせき》があまり良《よ》くないので、親《おや》として不憫《ふびん》でならない。何《なん》とかして治《なお》してやりたいと思っているが、こんな幼《ちい》さな子供《こども》に手術《しゅじゅつ》をするのは可哀《かわい》そうであると思って躊躇《ちゅうちょ》しておられた。

こうしているうちに、奥《おく》さんが五月号《がつごう》の『主婦之友《しゅふのとも》』で生長《せいちょう》の家《いえ》の記事《きじ》を御覧《ごらん》になり、心惹《こころひ》かれて御主人《ごしゅじん》に話されたので、松本さんも共鳴《きょうめい》されて早速《さっそく》生長の家の誌友《しゆう》となられた。松本さんは機械設計家《きかいせっけいか》でほとんどお暇《ひま》がないので、朝晩《あさばん》わずか二、三頁《ページ》位《くらい》しか読みきかすことが出来《でき》ないが、それでも熱心《ねっしん》に我《わ》が子の病気が治《なお》るようにと思念《しねん》されつつ読み続けておられた。そのうちに夏休みが来たのだった。

頭注版㉞一四二頁

扁桃腺 のどの奥にあり、桃の形に似た左右一対のリンパ腺

不憫 かわいそうなさま。気の毒なさま

躊躇 決心がつかずにためらうこと

共鳴 他人の考えなどに心から同感すること

「子供《こども》も今《いま》は夏休みですので、この機会《きかい》にすっかり扁桃腺《へんとうせん》を治《なお》してやりたいのですが、本を読んでさえおれば治《なお》りますでしょうか？」

松本《まつもと》さんは最後《さいご》にこう谷口先生《たにぐちせんせい》にお訊《き》きになった。先生《せんせい》は被仰《おっしゃ》った。

「あなたが本を読んでもお子さんの扁桃腺《へんとうせん》が小さくならないのは、あなたが扁桃腺《へんとうせん》で苦しんでいるお子さんの姿《すがた》をほんとの姿だと認《みと》めて、それを、治《なお》そう治《なお》そうとあせっていられるからですよ。治《なお》すも治《なお》さぬもないではありませんか。病気《びょうき》は本来《ほんらい》ないのですから、本来無《な》い扁桃腺炎《へんとうせんえん》をあなたが勝手《かって》にあると設計《せっけい》して、扁桃腺扁桃腺《へんとうせんへんとうせん》と扁桃腺炎《へんとうせんえん》ばかりに捉《とら》われているから、その心が反映《はんえい》していつまでもお子さんの扁桃腺《へんとうせん》が腫《は》れているのです。腫《は》れていてもいいではありませんか。大体医学的《だいたいいがくてき》にいっても、扁桃腺《へんとうせん》は外菌《がいきん》の侵入《しんにゅう》を防《ふせ》ぐ第《だい》一の関門《かんもん》なのですから、もし菌《きん》が入《はい》り込《こ》もうとすれば、それを撃滅《げきめつ》するために白血球《はっけっきゅう》や赤血球《せっけっきゅう》が動員《どういん》されてきて、そのために扁桃腺《へんとうせん》が腫《は》れるのです。だからそれが腫れる事《こと》によって、われわれは『生命《せいめい》』という内《うち》からの力《ちから》

関門　通過しなければならない関所の門
撃滅　攻撃して全滅させること

が外菌《がいきん》と闘《たたか》いつつあることを知らなければならないのです。それを切ったりする必要《ひつよう》はないのです。放《ほう》っておいてもやがては勝つことにきまっているのですから。あなたも今日《きょう》から家《うち》の子は扁桃腺炎《へんとうせんえん》だなんて考えを捨《す》てなさい。そして完全円満《かんぜんえんまん》なる神の子の実相《じっそう》を観《み》るようにすれば、そんな不完全《ふかんぜん》な姿《すがた》なんていつの間《ま》にか消えてしまいますよ。」

痛《いた》みは有難《ありがた》いと思え

胃《い》が悪いという婦人《ふじん》が谷口先生《たにぐちせんせい》にお尋《たず》ねした。

「先生《せんせい》、わたくし胃が痛み出す度《たび》に、前《まえ》に食べたものが気になって、あのお菜《さい》が悪かったんじゃないか、あの飲《の》み物《もの》がいけなかったんじゃないか、なんてくよくよと思い出すんですの。痛み出すと堪《たま》らないんですけど、この場合《ばあい》どうしたら好《よ》いんでしょうか——?」

お菜　おかず

頭注版㉞一四三頁

「痛《いた》みが出るときは、ああ有難《ありがた》いと思いなさい。それは過去《かこ》に蓄積《ちくせき》された業《ごう》が消滅《しょうめつ》する姿《すがた》なんですからねえ。貯金《ちょきん》をすればやがていつか利子《りし》の払《はら》われる日が来るでしょう。そのときまた貯金をすれば、また払われる日が来るのです。それと同じように業《ごう》を貯蓄《ちょちく》すれば、いつの日かその払《はら》い戻《もど》しを受ける日が必《かなら》ず来るのですから、（それが悪業《あくごう》だとしたら、痛みや苦しみの姿であらわれる）払戻《はらいもど》しを受けたら、もうこれで自分《じぶん》の業《ごう》は清算《せいさん》されたのだと思って、それ以上業《いじょうごう》を積《つ》まないようにすれば、胃《い》の痛みなんか直《じき》に治《なお》ってしまいますよ。」

悪業　仏教語。悪い結果を招く原因となる、身口意（しんくい）による悪い行い。また、前世で犯した悪事

清算　過去の好ましくない事柄や関係に結末をつけること

一切《いっさい》を受容《うけい》れる心が大切《たいせつ》

「私《わたくし》は何《なに》を食べても不味《まず》くて食べられないのですが」と或《あ》る男の方《かた》が谷口《たにぐち》先生《せんせい》に訴《うった》えられた。

頭注版㉞一四四頁

谷口先生《たにぐちせんせい》は被仰《おっしゃ》った。「どの食物《しょくもつ》を食べても皆不味《みなまず》いというのは、あなたに、すべての人《ひと》の好意《こうい》を受容《うけい》れる気持《きもち》がないからなんです。何《なん》でも味《あじわ》える心になれば、自然《しぜん》と食物《しょくもつ》が美味《おい》しくなって来るんですよ。よく匂《にお》いが解《わか》らないという人があるが、匂いの場合《ばあい》だって同じなのです。」

癲癇《てんかん》の治《なお》った話

菱谷義男《ひしやよしお》さんは、十六歳《さい》の時《とき》から十余年間癲癇様《よねんかんてんかんよう》の倒《たお》れる病気《びょうき》で悩《なや》んでおられたのだった。昭和《しょうわ》十年《ねん》二月《がつ》から誌友《しゆう》になって『生命《せいめい》の實相《じっそう》』『甘露《かんろ》の法《ほう》雨《う》』の読誦《とくじゅ》を励《はげ》んでおられたところ、七月十三日の夜絶息《よるぜっそく》して、脈搏《みゃくはく》も呼《こ》吸《きゅう》も絶《た》えてしまわるること二時間《じかん》にして再《ふたた》び蘇生《そせい》され、爾来急転癲癇症状《じらいきゅうてんてんかんしょうじょう》がなくなるという不思議《ふしぎ》な出来事《できごと》が起《おこ》ったのであった。何《なん》でもその少し以前《いぜん》から風邪《かぜ》を引いたような状態《じょうたい》で咳《せき》が激《はげ》しく出て、その度毎《たびごと》に胸《むね》や腹《はら》がむし

頭注版㉞一四五頁

癲癇 発作的に起こる脳の機能障害。意識障害や痙攣などを主症状とする

読誦 声を出して経文を読むこと

絶息 呼吸が止まって息が絶えること

蘇生 息を吹き返すこと

爾来 それ以来

急転 物事の様子や状態が急に変わること

られるように痛《いた》み、あまりの苦しさにどうにでもなれ、もう死んでもよいと考えるようになった。その後肉体《ごにくたい》の苦痛《くつう》は増《ま》すばかりで、同時《どうじ》に死にたいと思う心は募《つの》るばかりであった。かような状態《じょうたい》であった折柄絶息状態《おりからぜっそくじょうたい》にならなられ、家人《かじん》は医者《いしゃ》やら注射《ちゅうしゃ》やら大騒《おおさわ》ぎされたところ、幸《さいわい》にも蘇生《そせい》され、それ以来不思議《いらいふしぎ》にずんずんと快《よ》くなり、まるで別人《べつじん》のようになり、もう起きて自宅《じたく》では何《なん》でも出来《でき》るようになったとお母さんが来られて話された。お母さんは更《さら》に義男氏自筆《よしおしじひつ》の手紙《てがみ》を先生《せんせい》のお手許《てもと》に差出《さしだ》された。先生は一同《いちどう》の前《まえ》でこの手紙をお読み下《くだ》さった。最初《さいしょ》は以上《いじょう》の如《ごと》き病状《びょうじょう》を述《の》べて、その後《のち》に「……しかし後《のち》になって私《わたくし》にはそれが注射の為《ため》に恢復《かいふく》したとはちょっとも思われず、却《かえ》って生《せい》に執着《しゅうじゃく》が無《な》くなった為《ため》に蘇生《そせい》したのだと思われました。そして御本《ごほん》を読んだ時《とき》、ああこれだと気が附《つ》きました。『苦しみを戯《たわむ》れに化《か》する時人生《じんせい》は光明化《こうみょうか》する』との事《こと》です。その時はもう腹《はら》の痛いのもどこの痛いのも無《な》く、心は軽《かる》く楽々《らくらく》と毎日《まいにち》を過《す》すことが出来、もう以前《いぜん》の私《わたくし》のい

「苦しみを…」本全集第十二巻「生活篇」上巻二頁の「生活篇」冒頭の言葉の一節

やな所《ところ》、けがれた所が全《まった》く無《な》く、新しい清《きよ》い私《わたくし》であるかのように思われ、身体《からだ》はなく唯《ただ》心ばかりになってしまいました。力《ちから》のつき次第《しだい》、御礼《おれい》に参《まい》りたいと思っておりましたが、あまり嬉《うれ》しいので私《わたくし》の気持《きもち》を書かせて戴《いただ》きました」とあった。先生は読《よ》み終《おわ》られて、「なかなか良《よ》い手紙《てがみ》ですね」と被仰《おっしゃ》って、「これは悪霊《あくれい》がその時《とき》逃《に》げたのです。やはり『甘露《かんろ》の法雨《ほうう》』の功徳《くどく》です。悪霊《あくれい》が逃げる時死ぬことがよくあるのですが、神が護《まも》っているので死なずに蘇《よみがえ》ることが出来《でき》たわけですね。それで今度《こんど》本当《ほんとう》の自分《じぶん》に生《うま》れ変《かわ》って来たんですよ」とお話しになった。菱谷《ひしや》さんのお母さんは、「義男《よしお》は生《い》き蘇《かえ》って目が覚《さ》めました時は舌《した》が厚《あつ》くなったように咽喉《のど》も硬《こわ》ばり、ものを呑《の》み込《こ》む事《こと》も、声《こえ》を出すことも出来なかったのでございます。しかしその後《ご》は以前《いぜん》には痩《や》せるばかりでありました身体《からだ》が、一時間毎《じかんごと》に肥《ふと》ってゆくようで力《ちから》がついたと申《もう》しております」といわれた。

悪霊が逃げる時 本全集第四十九巻「宗教戯曲篇」上巻七〇頁には舞踏病の青年が倒れた時に迷っていた霊魂が離れたことによって蘇った逸話がある

父母《ふぼ》未生前《みしょうぜん》の本来《ほんらい》の面目《めんぼく》悟《さと》る

上品《じょうひん》な五十六、七歳《さい》の一婦人《ふじん》が先生《せんせい》に御礼申上《おれいもうしあ》げた。

「先生、私《わたくし》今度実相《こんどじっそう》を悟《さと》らせて頂《いただ》きました。キリストも『アブラハムの生《うま》れぬ以前《さき》より我《わ》れは有《あ》るなり』と言っていますし、仏教《ぶっきょう》でも『本来の面《めん》目《ぼく》』と申《もう》すようでございますし、生長《せいちょう》の家《いえ》でも『肉体無《にくたいな》し』といわれています。何《なに》を目指《めざ》してこういうのか長い間分《あいだわか》りませんで、どうにかして知りたいと思っていました。ところがこの前《まえ》先生の処《ところ》に伺《うかが》わせて頂きました折《おり》に、お庭《にわ》の紫陽花《あじさい》が大変《たいへん》に綺麗《きれい》に咲いていましたので、何《なん》と美しいのだろうと心を打たれました。それから自宅《じたく》へ帰りまして家《うち》の庭を歩きたくなりましたので歩き廻《まわ》っていますと思いがけなくもさっき先生のお庭で拝見《はいけん》したのと同じ紫陽花《あじさい》が咲いていました。その花を見ていますと花の生命《せいめい》というものが

頭注版㉞一四六頁

父母未生前の本来の面目　父母が生まれる以前からの自分の本来の姿は何かと問う禅宗の公案

「アブラハムの…」　『新約聖書』「ヨハネ伝」第八章にあるキリストの言葉。「アブラハム」は『旧約聖書』「創世記」に記されているイスラエル民族の伝説上の祖

仏教　世界三大宗教の一つ。紀元前五世紀頃、釈迦がインドで説いた教え。日本には六世紀中期に伝来した

感《かん》じられて来まして、その生命《せいめい》の感じがひろがって、生命《せいめい》より他《ほか》になんにも感じられなくなりました。そして自分《じぶん》と花の生命《せいめい》とは一《ひと》つで、自分がすべての生命《せいめい》と一つになり切った深い深い感じになりました。天地間何物《てんちかんなにもの》も無《な》く、有《あ》るものは生命《せいめい》だけだという実感《じっかん》でございます。私《わたくし》はこれが先生《せんせい》の教《おし》えて下《くだ》さる『生命《せいめい》の実相《じっそう》』だと悟《さと》りました。それがありましてから、朝太陽《あさたいよう》の光《ひかり》を見ましてもその生命《せいめい》が感じられますし、常住坐臥《じょうじゅうざが》に何《なに》を見てもその満《み》ちている生命《せいめい》を見わけるようになりました。本当《ほんとう》にありがとうございます。」

『甘露《かんろ》の法雨《ほうう》』で癒《い》ゆ

齋藤今子《さいとういまこ》さんの話——。

「私《わたくし》は昨年《さくねん》五月住吉《がつすみよし》から先生が御上京下《ごじょうきょうくだ》さいまして浅草《あさくさ》の富士小学校《ふじしょうがっこう》で御講演《ごこうえん》下さいました折《おり》から『生命《せいめい》の實相《じっそう》』を読ませて頂《いただ》くようになりまし

常住坐臥 すわっている時も寝ている時も、いつも。常に
頭注版㉞一四八頁

住吉 「生長の家」草創期は神戸の住吉にあった著者の自宅が本部を兼ねており、また来訪者のための真理研鑽の場としての道場ともなっていた

浅草 東京都台東区の地名。浅草寺の門前町

富士小学校 明治三十三年開校。現在の東京都台東区にある区立小学校。本全集第八巻「聖霊篇」第三章、第二十二巻「教育篇」等参照

た。その六月《がつ》古いお友達《ともだち》が腎臓炎《じんぞうえん》で困《こま》っているということを聞きましたので、早速生長《さっそくせいちょう》の家《いえ》のパンフレットを送ってあげました。その後《ご》どうなったのかと思って打《う》ち過《す》ぎていましたところ、つい先日久《せんじつひさ》し振《ぶ》りに手紙《てがみ》を下《くだ》さいまして、あなたに神さまのお話が聞きたくなりましたから、お暇《ひま》がおありでしたら来て頂《いただ》きたいと申《もう》して参《まい》りました。それも御自身《ごじしん》は手が顫《ふる》えるので、とても筆《ふで》を執《と》ることが出来《でき》ないといわれて代筆《だいひつ》でありました。それで早速《さっそく》参って上げようと思ったのでございますが、ちょうど用事《ようじ》がございましたのでお手紙を先《ま》ず書くことに致《いた》しました。そして『あなたには前《まえ》から生長《せいちょう》の家《いえ》のパンフレットを送ってありますので、お読みになっていられるなら、真理《しんり》が分《わか》っているはずです。分《わか》っていればもう治《なお》っているはずです。あなたはもっと病気《びょうき》が悪くなりやしないかと取越苦労《とりこしくろう》をなさっているでしょう。あなたは神の子ですよ。そして肉体《にくたい》は無《な》いのです。ですから病気のしようがないのです。もう床《とこ》をおあげなさい』と自分《じぶん》でも不思議《ふしぎ》な程《ほど》強い言葉が自然《しぜん》と書か

腎臓炎 腎臓の炎症の総称。腎炎

打ち過ぎる 日数や時間が経過する

床をあげる 病気が治るなどして寝具を片付けること

れて来るのでした。それと『甘露《かんろ》の法雨《ほうう》』を仏壇《ぶつだん》で読誦《あげ》なさいと申《もう》してそのパンフレットも送ってあげました。その後《ご》しばらくして見舞《みま》ってあげますと、襷《たすき》がけでその病人《びょうにん》が働《はたら》いているのです。『お手紙《てがみ》に依《よ》りまして、一心《いっしん》に御本《ごほん》を読むようになりましてから、さしもの病気《びょうき》がおかしい程《ほど》快《よ》くなって参《まい》りました。唯今《ただいま》もお使いに行《い》って帰って来たところなのです。こんなに丈夫《じょうぶ》になりました。あなたにもよろこんで頂《いただ》きたいのです。そして谷口先生《たにぐちせんせい》にもお会いしてお礼申上《れいもうしあ》げたいと存《ぞん》じています』とよろこんでいました。私からも厚くお礼申上《もうしあ》げます。」

夫《おっと》は青空《あおぞら》妻《つま》は春風《はるかぜ》

鳥取県淀江町《とっとりけんよどえまち》支部《しぶ》の西尾荘平《にしおそうへい》氏《し》は御用事《ごようじ》を兼《か》ねて東京誌友会《とうきょうしゆうかい》に出られた。そして東京の誌友《しゆう》の方々《かたがた》が自覚《じかく》に満《み》ちていること、それだけ教《おし》えが徹底《てってい》

襷がけ　襷をかけること。襷は和服の袖や袂(たもと)をたくし上げて仕事をしやすくするために結ぶ紐
さしもの　さすがの

頭注版㉞一四九頁

しているとの感想《かんそう》を述《の》べられた後《あと》で御自身《ごじしん》の「生長《せいちょう》の家《いえ》」に入《はい》られてからの体験《たいけん》を話された。

「私《わたくし》は『生命《せいめい》の實相《じっそう》』を拝読《はいどく》するようになってから『言葉は神なり』との教《おし》えを沁々《しみじみ》味《あじわ》いました。そして唯今《ただいま》では家庭《かてい》に於《おい》ても常《つね》に『夫《おっと》は青空《あおぞら》、妻《つま》は春風《はるかぜ》、息子《むすこ》はひばり』と言葉に出して毎日実行《まいにちじっこう》しております。それ以来《いらい》全《まった》く光明《こうみょう》の家庭になりました。その雰囲気《ふんいき》を学んで御家庭《ごかてい》を光明化《こうみょうか》された知人《ちじん》も数多《かずおお》くございます。」

敗血症《はいけつしょう》の治《なお》った話

古田小作《ふるたこさく》さんの奥《おく》さんは未《ま》だ先生《せんせい》が道場《どうじょう》へ御出《おいで》にならない前《まえ》から、大変《たいへん》感激《かんげき》した語調《ごちょう》で近くの同信者《どうしんしゃ》へいろいろの喜《よろこ》びを話していられたが、先生が御出《おいで》になると、この奥さんはすぐ先生に申上《もうしあ》げるのであった。

頭注版㉞一五〇頁

敗血症　血液に菌が入って全身に回り、からだの抵抗力が負けて重い症状に陥った病気

「御蔭様《おかげさま》であの敗血症《はいけつしょう》の子供《こども》――十歳《さい》になるのでございますが、四十度《ど》三分《ぶ》もありました熱《ねつ》がたちまち平熱《へいねつ》になりそれからもう少しも上《あが》らなくなりましたので、医者《いしゃ》もひどく吃驚《びっくり》しまして、『これは実《じつ》に不思議《ふしぎ》だ、どうもわけがわからない、慶応病院《けいおうびょういん》でしっかり血液検査《けつえきけんさ》してみましょう』というようなわけで、そのお子さんが危《あぶな》いというので満洲《まんしゅう》から帰られた大満洲《だいまんしゅう》ビールの重役《じゅうやく》をしていられる御父《おとう》さんも、もう近々又満洲《ちかぢかまたまんしゅう》へ戻《もど》られることになりました。普通《ふつう》だったら半年《はんとし》も入院《にゅういん》しなければならない病気《びょうき》だそうでございますが、今月中《こんげつちゅう》でもう退院出来《たいいんでき》るのだそうでございます。この大満洲《だいまんしゅう》ビール会社《がいしゃ》の支配人《しはいにん》をしていられる鈴木《すずき》さんという方《かた》のお坊《ぼっ》ちゃんについてはまだ面白《おもしろ》い御話《おはなし》がございます。お坊ちゃんは尋常《じんじょう》四年生《ねんせい》ですが、絵が下手《へた》で幼稚園《ようちえん》の子供より下手《へた》なのでありました。それが親《おや》が『生長の家《せいちょうのいえ》』へ入《はい》られましてから、たちまち上手《じょうず》になられましたということで、或日学校《あるひがっこう》からそのお坊ちゃんが帰って来て、『お父さん、僕《ぼく》も図画《ずが》に甲《こう》をとったよ』といわ

満洲　中国大陸の東北地方一帯。昭和七年、日本はこの地に、五族共和（満洲族・漢族・モンゴル族・ウイグル族・チベット族）を理念として満洲国を建国した

大満洲ビール　昭和九年に麒麟麦酒が大日本麦酒との共同出資によって設立した満洲麦酒株式会社を指すと思われる

尋常　尋常小学校。明治十九年に設置された満六歳以上の児童に初等教育を行った義務教育の小学校。修業年限は当初四年、明治四十年からは六年となった

甲　成績評価で一番よい成績

れるのです。『そう、それはよかったね、どれ見せて御覧《ごらん》』と内心吃驚《ないしんびっくり》して答えられたのです。『それは今日先生《きょうせんせい》が貼《は》り出《だ》してくれたからそれが済《す》んで先生から頂《いただ》いたら見せますよ』ということでありました。それから一週間《しゅうかん》経《た》つと又今度《またこんど》は甲上《こうのじょう》をとり、それも貼出《はりだ》しになったとのことで、その絵は始《はじ》めのうちの幼稚園《ようちえん》の生徒《せいと》よりも下手《へた》なのと、最近上手《さいきんじょうず》になられたのと三《みっ》つ会社《かいしゃ》に貼《は》ってあるそうでして、その会社に勤《つと》めている私《わたくし》の子供《こども》も、不思議《ふしぎ》なことだと驚《おどろ》いている次第《しだい》であります。この大満洲《だいまんしゅう》ビール会社《がいしゃ》の幹部《かんぶ》の人《ひと》に山田さんと申《もう》す方《かた》がありまして、その方《かた》は腎臓《じんぞう》と心臓《しんぞう》とが悪くて入院《にゅういん》せられました。入院して三日目《みっかめ》に『生命《せいめい》の實相《じっそう》』を読まれ、それで心機一転《しんきいってん》して直《す》ぐ退院《たいいん》し、四日目《よっかめ》には元気《げんき》で会社へ出られたのであります。それで社員《しゃいん》も吃驚《びっくり》して『重病《じゅうびょう》と聞いていましたのに一体《いったい》どうなさったのですか?』と訊《き》くと『わしはもう生長《せいちょう》の家《いえ》の教《おし》えに入《はい》ったのだから病《やまい》はない』といってピンピンしていられるそうです。そんなふうに皆様《みなさま》が御蔭《おかげ》を頂いていられ

心機一転　心持ちがすっかり変わること

ますのに、宅《たく》の主人《しゅじん》だけはまだどうも胃《い》がよくなりませず、食欲《しょくよく》が出ない出ないと申《もう》しているのでございます。御蔭様《おかげさま》で薬《くすり》をやめましてからは、リューマチの方《ほう》は治《なお》りましたのでございますが、胃の方《ほう》はまだそんなふうでございます……」

「御主人《ごしゅじん》がそんなに食欲《しょくよく》がないないといわれるのがいけないのです。人間《にんげん》は肉体《にくたい》でないから喰《た》べなくてもよいということがお分《わか》りになれば、すぐよくなって来るのですよ」と先生《せんせい》は御答《おこた》えになった。

リューマチ　骨・関節・筋肉が硬直し、腫れ・疼痛・熱などを発する病氣。リウマチ

脊髄《せきずい》と湿疹《しっしん》が治《なお》る

頭注版㉞一五二頁

次《つぎ》に小竹中《こたけなか》さんが生長《せいちょう》の家《いえ》へ入信《にゅうしん》して以来《いらい》、自己《じこ》が他人《たにん》に及《およ》ぼした治病《ちびょう》の体験談《たいけんだん》を話さるべく立上《たちあが》られた。

「人間の身体《からだ》というものは、まるで飴《あめ》ん棒《ぼう》を引《ひ》き伸《の》ばしたりなんかするよう

に、自由自在《じゆうじざい》になるものであるということを私《わたくし》は最近《さいきん》の体験《たいけん》によって悟《さと》りました。私《わたくし》は最近十一歳《さい》になる子供《こども》さんの夏でもほとんど苦しみ続けているような喘息《ぜんそく》を人間本来《にんげんほんらい》病気無《びょうきな》しの話をすることによってすっかり治《なお》してしまったのであります。

「又《また》これは大変《たいへん》ひどい病気なんですが、脊髄《せきずい》が悪くてもう一年《ねん》以上寝《いじょうね》ていたのであります。十九歳《さい》になる青年《せいねん》なんですが、まるでこんな鶏《にわとり》がまるまったように丸《まる》っこく屈《まが》ってしまって、それに女中《じょちゅう》が二人《ふたり》附《つ》き切《き》りになっているのでありました。医者《いしゃ》もこれは到底治《とうていなお》らぬと見離《みはな》してしまったので、その御母《おかあ》さんになる人《ひと》も心配《しんぱい》のあまり神経衰弱《しんけいすいじゃく》になってしまっていたのであります。その人に私《わたくし》が『生命《せいめい》の實相《じっそう》』を読んで聞かせたり話をしています間《あいだ》に、だんだん快《よ》くなって来たのであります。そのうちに、今《いま》まで附《つ》けることの出来《でき》なかった踵《かかと》を下につけられるようになりましたが、それだけでも大変喜《よろこ》んでいられましたが、昨日《きのう》は遂《つい》に私《わたくし》の家《いえ》で足踏《あしぶ》みをされる程《ほど》になったの

神経衰弱　心身過労などを誘因として神経系統の働きが低下し、神経過敏・脱力感・不眠などの症状を呈する疾患。アメリカの医師G・M・ビアードが一八八〇年に初めて用いた用語

であります。足踏《あしぶ》みが出来《でき》ればもう歩いて帰れると申《もう》しましたら本当《ほんとう》に一年半《ねんはん》ぶりで歩いて帰られたのであります。三週間前《しゅうかんまえ》に初《はじ》めて私《わたくし》が会いました時《とき》には、三歩《ぽ》ばかり歩《あゆ》むのに脂汗《あぶらあせ》をかいて跪《もが》いたような人《ひと》なんですが、昨日《きのう》はもう女中二人《じょちゅうふたり》はあとから従《つ》いて行《ゆ》く有様《ありさま》でありました。私《わたくし》の考えますのに、心配《しんぱい》している人程病《ひとほどやまい》多く又《また》重いようであります。次にこれは私自身《わたくしじしん》のことを御参考《ごさんこう》の為《ため》に申《もう》し上《あ》げます。これは実《じつ》に恥《はず》かしいことでありますので今迄《いままで》いわないでいたことでありますが、私《わたくし》の子供《こども》が湿疹《しっしん》に罹《かか》りまして、それが私《わたくし》にも伝染《うつ》ったのであります。『生命《せいめい》の實相《じっそう》』にも開巻第《かいかんだい》一に『汝《なんじ》ら天地一切《てんちいっさい》のものと和解《わかい》せよ』とありまして私《わたくし》もこの湿疹《しっしん》の黴菌《ばいきん》に和解することを考えたのであります。そこで私《わたくし》は仏壇《ぶつだん》の前《まえ》に坐《すわ》りまして次のように祈《いの》りまして黴菌《ばいきん》と和解したのであります。『汝黴菌《なんじばいきん》よ。君《きみ》も生物《せいぶつ》である。そして君もこの世《よ》に永《なが》らえて生きたい。そして子孫《しそん》を繁殖《はんしょく》したいであろう。僕《ぼく》も生物である。僕も大《おお》いに活動《かつどう》して世《よ》の中《なか》の御役《おやく》に立ちたい。君の

「汝ら天地一切のものと…」 昭和六年九月二十七日に著者に天降った「大調和の神示」の冒頭の言葉

心と僕《ぼく》の心とは或《あ》る点《てん》で一致《いっち》している。君《きみ》が僕の体内《たいない》で繁殖《はんしょく》しては僕の活《かつ》動《どう》に非常《ひじょう》に支障《ししょう》を来たして困《こま》る。君の活動の天地《てんち》は僕の体内以外《たいないいがい》に宇宙《うちゅう》に幾《いく》らでもある。どうか僕の体《からだ》から早く抜《ぬ》け出《で》て、広い天地のどこかで大いに活動してくれないか』(同座《どうざ》の一同《いちどう》笑う)皆様《みなさま》が御笑《おわら》いになりますが、本当《ほんとう》に私《わたくし》はそういいました。そして本当に純《じゅん》な心で和解《わかい》しました時湿疹《ときしっしん》はいつしか快《よ》くなってしまったのであります。湿疹の黴菌《ばいきん》は宇宙のどこかに人間《にんげん》を犯《おか》さずに調和《ちょうわ》した相《すがた》で繁殖していることと思います。」

小竹中氏《こたけなかし》のお話には先生《せんせい》も手を拍《う》って笑われた。

顔一面《かおいちめん》の慢性腫物《まんせいはれもの》が治《なお》る

古田小作《ふるたこさく》さんの奥《おく》さんが紹介《しょうかい》して同伴《どうはん》して来られた五十五、六歳《さい》の婦人《ふじん》があった。この婦人がはじめてお山へ(先生のお宅《たく》は宮崎氏《みやざきし》の茶室《ちゃしつ》で山の上に

頭注版㉞一五四頁

宮崎氏 宮崎政吉。当初は敷地を生長の家東京支部の見真道場建設地としての提供を申し出たが、服部仁郎が住宅を著者一家の住居とすることを提唱した。これによって著者は神戸から東京に移転し、生長の家本部も東京に移った

あるので以前《いぜん》から山の家《いえ》と呼《よ》ばれているのを、近頃《ちかごろ》は誌友《しゆう》は「お山」と呼《よ》ぶのである）来られた時《とき》には大きな慢性腫物《まんせいはれもの》が顔中《かおじゅう》にブツブツと出ていたのである。その婦人が次の如《ごと》くに話し出された。「私《わたくし》は十六日から伺《うかが》わせてもらっているのであります。生《うま》れつき大変我《たいへんが》の強い方《ほう》で、白いものを見せられても黒いといい出したら向《むこ》うむいても黒い黒いという程《ほど》の人間《にんげん》なのでございます。私《わたくし》の家《いえ》は養子《ようし》でありまして、娘《むすめ》も赤《あか》ん坊《ぼう》の時《とき》から育てた子で実子《じっし》ではないのであります。それで今《いま》までは養子が勤先《つとめさき》から帰って『只今《ただいま》』と申《もう》しますと口先《くちさき》だけでは『ハイお帰り』とはいいますが、心の中《なか》では『帰ったって帰らなくたっていいんだ』というような心でいたのであります。ところがこちら様《さま》で『生命《せいめい》の實相《じっそう》』を教《おし》えて頂《いただ》きましてからは全《まった》く貪《むさぼ》るように読みまして、それで心がすっかり変《かわ》ってしまったのであります。すると不思議《ふしぎ》にも養子夫婦《ようしふうふ》の態度《たいど》もすっかりその日から変《かわ》りまして、今迄《いままで》になく養子が傍《そば》に寄《よ》って来て打ちとけて話をしたりするかと思いますと、又《また》娘は娘でまるで変《かわ》りまして、今《いま》までは私《わたくし》がエンコしていて、あれ持って来い、これ持って来いといいますと、娘《むすめ》も今は何々《なになに》しているからとか何《なん》とかいって逆《さか》らっていましたが、もう私《わたくし》も自分《じぶん》で雑巾《ぞうきん》がけをどんどん致《いた》しますし、すると娘は『お母さんにそんなことをして頂《いただ》いては……そんなことは私《わたくし》が致しますから』と勿体《もったい》ながり、私《わたくし》も、なに、運動《うんどう》になって御飯《ごはん》が美味《おい》しく頂けるからというような有様《ありさま》で、もう全《まった》く家《いえ》の中《なか》が春のように一変《いっぺん》してしまいました。この撚《より》が戻《もど》らないようにと念《ねん》じている次第《しだい》でありますが、私《わたくし》はまた眼《め》が悪くてもう治《なお》らないといわれていまして駿河台《するがだい》の中村眼科《なかむらがんか》にも長い間通《あいだかよ》い又秩父《またちちぶ》の野上《のがみ》という御灸《おきゅう》もやってみ、中野《なかの》の方《ほう》にもよい灸《きゅう》があるというのでそれも試《こころ》みまして、薬《くすり》という薬はもうほとんど試みました。がその薬も不要《ふよう》になりまして、先達《せんだって》も広島《ひろしま》から薬が来ましたが私《わたくし》がそれを打棄《うっちゃ》ってしまいなさいと申《もう》しますと、娘が折角遠方《せっかくえんぽう》まで金《かね》を送ってとり寄《よ》せたものをと申しますので、『私《わたくし》の眼《め》はもう薬などに頼《たよ》らなくても治《なお》っているのだ、三円でお母さん

エンコ　尻をついて脚を前に突き出して坐ること

撚が戻る　元通りになる。昔に返る

駿河台　現在の東京都千代田区の地名を指すと思われる

秩父　埼玉県西部の地名

中野　東京都区部の西部にある現在の中野区を指すと思われる

打棄る　捨てる

の病気《びょうき》を買ってしまってもいいの』と申《もう》しました位《くらい》であります。」「それはね」と先生《せんせい》は被仰《おっしゃ》った。「結局《けっきょく》あなたの心の眼《め》が開《ひら》けたということなんですよ。あなたの眼がよくなったのは薬《くすり》をやめたからではないのです。心の眼《め》がひらけたからなのですよ。」

その婦人《ふじん》は益々感激《ますますかんげき》の面持《おももち》で尚《なお》語り続けた。「私《わたくし》は我《が》の強い女でしたから姉妹《しまい》としても三十年間《ねんかん》もゆるさなかった姉がいるのです。ところがすっかり心が変《かわ》りましたので、四日《よっか》ばかりあと一番暑《ばんあつ》い日でありました。自分《じぶん》から和解《わかい》しなければいけないと思い私《わたくし》は吉祥寺《きちじょうじ》の姉の家《いえ》へ出掛《でか》けまして、他《た》の同胞《きょうだい》も招《よ》んでもらいまして、十六日《にち》からのことをよく話しまして、本当《ほんとう》に有難《ありがた》い生長《せいちょう》の家《いえ》の話を致《いた》しましたのでございます。すると姉たちも大変喜《たいへんよろこ》んでくれまして、何《なに》を貰《もら》うよりも一番よい話を聞かせてもらってこんな嬉《うれ》しいことはない、と申すのでございます。御蔭様《おかげさま》で顔《かお》一面金米糖《めんこんぺいとう》のようになっ

面持　顔つき。表情

金平糖　南蛮菓子の一つ。飴の小核を芯にして糖蜜をまぶし、加熱しながら攪拌する。球形の表面に角状の突起ができる

ていた腫物《はれもの》も、こんなに引いてしまいまして有難《ありがと》うございました」とこの婦《ふ》人《じん》の声《こえ》は涙《なみだ》にうるんでいるのであった。

「吉祥寺《きちじょうじ》にもう一《ひと》つ縁《えん》のある話がございます」と瀧内秀綱《たきうちひでつな》さんが語《かた》り始《はじ》められた。瀧内さんは神学校《しんがっこう》を出て牧師《ぼくし》をしていられたが、中途《ちゅうと》ですっかり懐《かい》疑的《ぎてき》になられて牧師もやめ指圧療法《しあつりょうほう》をしていられた方《かた》で、最近生長《さいきんせいちょう》の家《いえ》に入《はい》られるや指圧も要《い》らないで、真理《しんり》の話をしたり『甘露《かんろ》の法雨《ほうう》』を誦《よ》んで聞かすだけで、続々《ぞくぞく》と他人《たにん》の病気《びょうき》が指圧療法時代《しあつりょうほうじだい》よりも一層速《いっそうすみやか》に治《なお》るのだそうである。

慢性下痢《まんせいげり》が治《なお》る

「ここにいる学生《がくせい》さんは木元《きもと》さんと申《もう》して商大《しょうだい》の大学部《だいがくぶ》へ行っていられる方《かた》であります。二ヵ月《げつ》ばかり前《まえ》から下痢《げり》が止《とま》らないでいますので、この方《かた》は

牧師　プロテスタントのキリスト教で信者の指導や教会等の管理をする人。カトリックでは神父という

懐疑的　物事を疑いの目で見るさま

指圧療法　指や手のひらで人体の局部を押し、神経を刺激したり血行をよくしたりする療法

頭注版㉞一五七頁

長男《ちょうなん》ですから親御《おやご》さんが希望《きぼう》の全部《ぜんぶ》をこの人《ひと》にかけられているのです。それで大変心配《たいへんしんぱい》せられて私《わたくし》のところへ伴《つ》れて来られた。見ると指圧療法《しあつりょうほう》だけでもなおるが、生長《せいちょう》の家《いえ》の信仰《しんこう》をもってすればたちまち治《なお》ると思いまして土曜日《どようび》から私《わたくし》のところへ預《あず》かることにしました。私《わたくし》のところへ来られるや私《わたくし》は今《いま》までのお粥《かゆ》と野菜《やさい》を心配しいしい食べられるのをまるで変《か》えまして、何《なん》でも豊富《ほうふ》にうんと食べなさいと存分《ぞんぶん》に喰《た》べさせました。それで木元《きもと》さんは私《わたくし》のところへ来てはじめて腹一杯《はらいっぱい》喰《た》べたと、大変愉快《ゆかい》になられ、又日《またにち》曜日《ようび》には護国寺《ごこくじ》で皆《みな》さんの尊《とうと》い体験談《たいけんだん》を聞かれて一層信念《いっそうしんねん》を強められたのであります。不思議《ふしぎ》なことに私《わたくし》の家《いえ》へ来られた日、『生命《せいめい》の實相《じっそう》』を読んでいられたら、腹《はら》がゴロゴロ鳴り出してそれから良便《りょうべん》が出るようになり、親御《おやご》さんが夏休《なつやす》み中二月《じゅうふたつき》も預かって治《なお》してくれと頼《たの》まれた程《ほど》の病気《びょうき》が僅《わず》か三、四日《よっか》で治《なお》ってこんなに元気《げんき》になられたのであります。木元《きもと》さんは九月《がつ》の新学期《しんがっき》には商大《しょうだい》で出来《でき》るだけこの話をしたいといっていられます。」本人《ほんにん》の木元《きもと》さん

護国寺　東京都文京区にある真言宗豊山派の別格本山。天和元年創建。本書三九頁の「月光殿の誌友会」を指すと思われる

は始終《しじゅう》瀧内《たきうち》さんの傍《かたわら》でニコニコ肯《うなず》いていられました。瀧内《たきうち》さんは話し続けられた。——

「この木元久《きもとひさし》さんは熱心《ねっしん》なクリスチャンでありますが、教会《きょうかい》へ行《ゆ》く度《たび》にその帰りには不快《ふかい》な重苦《おもくる》しい気持《きもち》になって帰る。それはどういうわけかといいますと、教会では口癖《くちぐせ》のように『汝等《なんじら》罪人《つみびと》よ罪人《つみびと》よ』と罪人《つみびと》である事《こと》を強《きょう》調《ちょう》されるので、それですっかり罪人《つみびと》にされて、憂鬱《ゆううつ》になって帰るのでありましたが、『生長《せいちょう》の家《いえ》』を読みすっかり明るい気持《きもち》になられました。私《わたくし》は以《い》前《ぜん》、教会にも関係《かんけい》し御話《おはなし》もしたことのある関係から、よく教会で話をしてくれといわれますが、私《わたくし》は罪《つみ》に対《たい》する考えが生長の家の御教《みおし》えですっかり変《かわ》りましたので、私《わたくし》の今の考えはこれこれである、だからこういう話でよければ……と申《もう》しますと、牧師《ぼくし》が大変苦《たいへんにが》い顔《かお》をして、『とんだ悪魔《あくま》に魅入《みい》られたものだね』と驚《おどろ》いてしまうのであります。」

それから更《さら》に重病《じゅうびょう》の肺結核《はいけっかく》の女店員《じょてんいん》、又心臓病《またしんぞうびょう》の婦人《ふじん》を治《なお》された話、又《また》

クリスチャン　キリスト教信者

肺結核　結核菌によって発症する肺の感染症

悪念波《あくねんぱ》に満《み》ちていた友人《ゆうじん》の貸家《かしや》を木元青年《きもとせいねん》と二人《ふたり》で神想観《しんそうかん》で浄《きよ》めたら、翌朝《よくちょう》すぐ大変好《たいへんよ》い借家人《しゃくやにん》が出来《でき》た話などをせられた。

三十年来《ねんらい》の関節炎《かんせつえん》の痛《いた》み消ゆ

先生《せんせい》のすぐ前《まえ》に六十歳《さい》ばかりの老人《ろうじん》がいた。

「私《わたくし》は先生と同じ姓《せい》で谷口《たにぐち》と申《もう》します。名は茂平《もへい》と申しまして滋賀県《しがけん》の者《もの》でございます。誌友会《しゆうかい》などに出ますと先生と同じ姓《せい》でありますので、大変皆《みな》から羨《うらや》ましがられたりして私《わたくし》も嬉《うれ》しく思っています。実《じつ》は私《わたくし》は三十年来の関節炎でもう関節《かんせつ》がだるくてだるくて汽車《きしゃ》に乗ってもここを叩《たた》き通《どお》しにしていなければならず、安眠《あんみん》も出来《でき》ない程《ほど》でありましたが、胸《むね》が昨夜《さくや》はちっとも痛まず、大変楽《らく》でありました。前年胸《ぜんねんむね》の神経痛《しんけいつう》を病《や》みまして京都《きょうと》医大《いだい》で診《み》てもらいましたら、梅毒性《ばいどくせい》のひどいのであると六〇六号《ごう》を注射《ちゅうしゃ》してくれまし

頭注版㉞一五八頁

京都医大　京都府立医科大学を指すと思われる

梅毒　梅毒トレポネーマ菌感染によって起こる伝染性の性感染症

六〇六号　梅毒の化学療法剤。商標名サルバルサン。一九一〇年にエールリッヒと秦佐八郎が合成した。開発番号が六百六番目の試薬であることによる通称。抗生物質のペニシリンの開発後には使用されていない

た。それでも治《なお》らず、他《ほか》にいろいろやってみましたが、どうしても治《なお》らず、もう私《わたくし》も諦《あきら》めまして、この病《やまい》はこの身体《からだ》を焼かなければ治《なお》らないものと思っていました。ところが昨夜《さくや》はちっとも痛《いた》まず、もう有難《ありがた》くて有難《ありがた》くて本当《ほんとう》に涙《なみだ》の出る程嬉《ほどうれ》しく、こんな仕合《しあわ》せを頂《いただ》きまして、御礼《おんれい》の申《もう》しようもございません」と本当に涙《なみだ》を流さんばかりに感激《かんげき》の面持《おももち》で御礼《おんれい》を述《の》べた。「それはやっぱり肉体《にくたい》を焼いた為《ため》ですね。只生長《ただせいちょう》の家《いえ》は物質《ぶっしつ》の火で焼かないで、言葉の火で焼くのです」と谷口先生《たにぐちせんせい》は被仰《おっしゃ》った。

空即是色《くうそくぜしき》の意味《いみ》は?

すると橋本《はしもと》という青年《せいねん》が先生《せんせい》に訊《き》いた。「私《わたくし》は『生命《せいめい》の實相《じっそう》』全集《ぜんしゅう》を二月頃《がつごろ》から読みはじめました。しかしそれは研究的批判的《けんきゅうてきひはんてき》に読んでいたのでありますが、読む以上《いじょう》は信じたいと思うのであります。ところで、今月《こんげつ》『眞《しん》

頭注版㉞一五九頁

空即是色　『般若心経』にある言葉。無から一切の現象が生じるという意味。「色即是空」は対句。本全集第二巻「実相篇」第一章「近代科学の空即是色的展開」等参照

『眞理』　大日本眞理運動本部(眞理舎)発行『眞理』昭和十年八月号「問題の擬似宗教『生長の家』の解剖」越智道順

理《り》』八月号《がつごう》の越智《おち》氏《し》の記事《きじ》を見たのでありますが、その中《なか》に『生長《せいちょう》の家《いえ》には色即是空《しきそくぜくう》の説明《せつめい》はあっても空即是色《くうそくぜしき》の説明がないのは半可通《はんかつう》である』といっていますが……」

谷口先生《たにぐちせんせい》は微笑《びしょう》せられた。「あの人《ひと》は『生命《せいめい》の實相《じっそう》』全集《ぜんしゅう》をほんの一巻《かん》しか読んでいないのでそんなふうにいうのでしょう。空即是色《くうそくぜしき》の説明は『生《せい》命《めい》の實相《じっそう》』の到《いた》る処《ところ》に書いてある。空即是色《くうそくぜしき》ということは、『空《くう》』（即《すなわ》ち『無《む》』）よりして『色《しき》』（即《すなわ》ち一切現象《いっさいげんしょう》）を生《しょう》ずということです。『無《む》よりして一切を生《しょう》ず』といえば分《わか》るでしょう。無一物中無尽蔵《むいちぶつちゅうむじんぞう》ですよ。『有《う》』からは『有限《ゆうげん》』しか生《う》まれない。四といえば二と二、又《また》は一と三を合わせただけの数《すう》しかなく、有限からは有限のものしか生《しょう》じない。物質《ぶっしつ》は無《む》(色即是空《しきそくぜくう》)だから、エーテルもない無《む》よりして心に従《したが》って無限《むげん》に一切が現《あらわ》れるのです。これが空即是色《くうそくぜしき》です。本当《ほんとう》の仏教《ぶっきょう》は、三界《がい》は唯心《ゆいしん》の所現《しょげん》であるという事《こと》、一切は心の現《あらわ》れ、観念《かんねん》のあらわれであるということを説《と》くのであって、観念と現《げん》

色即是空　『般若心経』にある言葉。すべての形あるものは仮のものであり本当はないということ

半可通　よく分かっていないのにいかにも分かったようにふるまうこと。また、その人

無一物中無尽蔵　すべてを捨てて無一物に徹すれば、宇宙に充ち満ちているすべてのものが我が内に流れ込んでくること

エーテル　宇宙空間にあって、光・熱・電気の波及のなかだちとなるもの。本著執筆時以降その存在を巡って紆余曲折して現在に至っている

三界は唯心の所現　仏教語。一切衆生が輪廻する欲界・色界・無色界の三つの世界の全ての事象は心の現れであるということ

実《じつ》とをバラバラの無関係《むかんけい》のように説《と》くのは本当《ほんとう》に仏教《ぶっきょう》がわかっていないのです。越智《おち》さんの仏教論《ぶっきょうろん》は科学的《かがくてき》に説こうとしているらしいのですが、観《かん》念《ねん》と現実世界《げんじつせかい》を別物《べつもの》と観《み》、この世界《せかい》を心によってどうにもならない物質有限《ぶっしつゆうげん》の世界と観《み》ている限《かぎ》り、それは唯物論《ゆいぶつろん》であって、仏教ではないのです。理念《りねん》の世界——無《む》の信仰《しんこう》のもう一《ひと》つ奥《おく》の世界を理解《りかい》しないでは釈尊《しゃくそん》の教《おし》えのみならず、他《た》の宗教《しゅうきょう》のことも本当にわからないわけなんです。」

谷口先生《たにぐちせんせい》はその橋本青年《はしもとせいねん》に対《たい》してのみならず、無限供給《むげんきょうきゅう》の真理《しんり》のわからない宗教家一般《しゅうきょうかいっぱん》をあわれむように諄々《じゅんじゅん》と説かれるのであった。

不眠症《ふみんしょう》を治《なお》す法《ほう》

南洋方面《なんようほうめん》から来られた人《ひと》で不眠《ふみん》を訴《うった》える人があった。先生《せんせい》は又《また》答えられる。

釈尊　釈迦の尊称

諄々　よくわかるように、懇切に繰り返して説くこと　頭注版㉞一六一頁

不眠症　眠れない状態が慢性的に続く睡眠障害の一種

南洋　南方の赤道付近の海洋と島々の総称。第一次世界大戦後、日本が国際連盟から統治を委任されたマリアナ諸島、カロリン諸島、マーシャル諸島を南洋諸島と称した

「それはね、肉体《にくたい》を無《な》くするんですね。肉体本来無《ほんらいな》しと言葉で焼けばよいのです。さっきの話のように、肉体を焼いてしまえばよいのです。焼くということは何《なに》も焼場《やきば》で焼かなくても、この言葉で焼けばよいのですよ。不眠《ふみん》の人《ひと》は不眠だから疲労《ひろう》するように思うのですが、実際《じっさい》はその疲労するという恐怖《きょうふ》心《しん》から不眠症《ふみんしょう》にもなり疲労するのでもありますが、イギリスには四十三年《ねん》間《かん》も眠《ねむ》らないで七十幾《いく》つで死んだ人のことが最近《さいきん》に来た向《む》こうの医学雑誌《いがくざっし》に出ていました。その人は不眠の為《ため》に死んだのではないのであります。又倉田《またくらた》百三《ひゃくぞう》さんも一年《ねん》以上《いじょう》、一日《にち》一時間《じかん》か二時間しか眠れないことがあった。ほとんど全身結核《ぜんしんけっかく》でその上神経衰弱《うえしんけいすいじゃく》で、そんな状態《じょうたい》が一年もつづいたのです。倉田さんは種々《いろいろ》と治療《ちりょう》されてみたが、もう到底逃《とうていのが》れることが出来《でき》ないから、そのままをありのまま受けようとそういう気持《きもち》になられたら、不眠も神経衰弱も結核も皆《みな》すっかり治《なお》ってしまったのです。だから、眠くなければ眠らなくてもよいのですよ。すべてのものと調和《ちょうわ》すれば眠れるのです。神戸《こうべ》にね、

倉田百三さん　明治二十四～昭和十八年。劇作家、評論家。肺結核を患いながら一燈園で信仰生活を送る。著書に『出家とその弟子』『愛と認識との出発』等がある。本全集第三十二巻「自伝篇」中巻参照

衛生病院《えいせいびょういん》といって女医《じょい》さんの経営《けいえい》している病院《びょういん》がありましてね、そこに勤務《きんむ》している技術者《ぎじゅつしゃ》に小永井《こながい》さんという方《かた》がいられましたが、そこへある時《とき》、不眠症《ふみんしょう》の患者《かんじゃ》が入院《にゅういん》することになったのです。ところがその部屋《へや》というのが大通《おおどお》りに面《めん》した角《かど》の部屋で、その辺《へん》を通《とお》る自動車《じどうしゃ》が角《かど》だから皆一日《みないちにち》中《じゅう》ブーブー警笛《けいてき》を鳴らしては通《とお》るのですね。だから一層眠《いっそうねむ》れないということになったのです。そこでこの小永井《こながい》さんがいわれるには『それでは今夜《こんや》から外《そと》を通る自動車の音を一《ひと》つ統計《とうけい》にとることにしてみませんか』とその患者に命《めい》じられたのです。その患者はその日《ひ》外を眺《なが》めて何号《なんごう》の自動車がどんな音を出すかを研究《けんきゅう》しておいて、さて夜《よる》になって一《ひと》つ一つ自動車の警笛の音を聞きわけようと思って注意《ちゅうい》し、自動車の音を聞きはじめたのですが、いつの間《ま》にかこの不眠症の患者が眠ってしまったのであります。これはその自動車の音を敵視《てきし》せず、その音と調和《ちょうわ》したからなので、何《な》んでも喜《よろこ》んで受容《うけい》れることにすればよろしいのです。生長《せいちょう》の家《いえ》は大調和《だいちょうわ》の教《おし》えですから一切《いっさい》のものと調和《ちょうわ》する時《とき》すべての不調和《ふちょうわ》は消されるのです。『智慧《ちえ》の言葉《ことば》』にも、『逃《に》げようと思うな。汝《なんじ》は神の子ではないか』とあります。何《なん》でも喜《よろこ》んで受容《うけい》れるようになされば、不眠症《ふみんしょう》もなおるのですよ」と先生《せんせい》は殊更深切《ことさらしんせつ》に訓《さと》されるのであった。

続いて夜《よる》一時間《じかん》か二時間眠《ねむ》るのみでも何《なん》とも身体《からだ》の疲労《ひろう》を感《かん》じないという人《ひと》が、その体験談《たいけんだん》を話し出した。すると後方《こうほう》より中須《なかす》さんという老婦人《ろうふじん》が半《なか》ば腰《こし》を上《あ》げて言葉を挟《はさ》んだ。

「智慧の言葉」 真理を短文で書き表した著者の箴言集。本全集第三十四巻「聖語篇」に収録

三十年来《ねんらい》のリューマチ消ゆ

頭注版㉞一六三頁

「私《わたくし》は七十四歳《さい》になる御婆《おばあ》さんで、もう三十年《ねん》もリューマチで困《こま》っていられた方《かた》を色《いろ》いろと真理《しんり》のお話をしてあげて治《なお》しました。その方《かた》は天理教《てんりきょう》の人であリましたから『悪《あ》しきを祓《はら》うて救《たす》け給《たま》え天理王命《てんりおうのみこと》』と、あなたのお祈《いの》

りになるその天理王《てんりおう》の神様《かみさま》は本当《ほんとう》は、大和《やまと》の御地場《おぢば》ばかりにいなさるのではなく、あなたのこの身体《からだ》の中《なか》にいて、あなたを生かしていて下《くだ》さる、今現《いまげん》にそこにいられる、あなたのなかにいられるその天理王《てんりおう》の命様《みことさま》にお祈《いの》りなさい。そんなふうに話しますとその方《かた》はハッとせられて、いつか三十年《ねん》のリューマチが消えてしまいました。その方《かた》は百姓《ひゃくしょう》をされていますので、昨日《きのう》の朝相当《そうとう》のみちのりをテクテクやって来て、『生命《せいめい》の實相《じっそう》』三冊《さつ》を頒《わ》けて下《くだ》さいといって行《ゆ》かれたのでありました」といわれるのであった。なかなか鮮《あざや》かな御話《おはなし》である。

今日《きょう》は聴聞者《ちょうもんしゃ》が多くて、玄関《げんかん》の廊下《ろうか》の方《ほう》まで人《ひと》がギッシリと詰《つま》り、尚暑《なおあつ》いのに軒下《のきした》に立って御話《おはなし》を聴《き》いている人さえ出来《でき》て、その軒下に立って聴いている人の中《なか》から先生《せんせい》に訊《たず》ねる人がある。

「私《わたくし》の友人《ゆうじん》で満洲事変《まんしゅうじへん》の際《さい》首の根《ね》ッコのところを射《い》られました。今病院《びょういん》に入院中《にゅういんちゅう》ですが、ここんところは身体《からだ》の大切《たいせつ》な神経《しんけい》の集まっているところ

大和の御地場　奈良県天理市にある天理教教会本部の神殿。「地場」は天理教で人間創造の元の場所であるとされる聖地を指す

聴聞者　説法や講話などを聴く人

軒下　屋根の下端が建物の壁面より外に突出している部分。軒端

満洲事変　昭和六年九月十八日、奉天北方の柳条溝で起こった鉄道爆破事件をきっかけに、日本と中華民国との間で始まった戦い

射る　弾丸を撃つ。弾丸を当てる

で、それを切られたのだから、なかなか治《なお》りにくいと帝大《ていだい》でいわれましたのですが、もうやはり治《なお》らないものでしょうか？　一旦《いったん》切られた神経《しんけい》は元通《もとどお》りに出来《でき》ないのでしょうか？」

「医者《いしゃ》はそういう神経を製造《せいぞう》出来ないが、生命《せいめい》は一個《こ》の細胞《さいぼう》から神経系統《しんけいけいとう》も血管組織《けっかんそしき》も製造した。神経細胞《しんけいさいぼう》も生命《せいめい》の影《かげ》なのです。人間《にんげん》が神経で動いていると思うのは誤《あやま》りで、心で神経が出来《でき》心で動くものでありますから、神経組《しんけいそ》織《しき》が必要《ひつよう》ならばいくらでも出来るのです。いくら神経が完全《かんぜん》でも死骸《しがい》は動かないでしょう。この弾丸《だんがん》に中《あた》るというのも本当《ほんとう》は業《ごう》のあらわれで、戦争《せんそう》に往《い》っても、心の中《なか》に弾丸の中《あた》るような波長《はちょう》のない人《ひと》は何度戦場《なんどせんじょう》に出ても隊《たい》が全滅《ぜんめつ》しても生き残るのです。傷《きず》を受けるのは平生他人《へいぜいたにん》を射貫《いぬ》くような業《ごう》があるか、傷を受けることを名誉《めいよ》として心に描《えが》く為《ため》なんです。総《すべ》ての人と調和《ちょうわ》して、無我《むが》で本分《ほんぶん》を尽《つ》すというようにすればいいのです」と谷口先生《たにぐちせんせい》は被仰《おっしゃ》った。

平生　ふだん
射貫く　矢や弾丸などを射て的や人間などを貫く。射通す

莫大小屋《メリヤスや》の末富《すえとみ》さんの話

「私《わたくし》はまだ五月号《がつごう》の『主婦之友《しゅふのとも》』の記事以来《きじいらい》の日の浅い誌友《しゆう》でありますが、自分《じぶん》の病気《びょうき》の治《なお》った御礼《おれい》にも上《あが》りましたが、その他経済的《たけいざいてき》にも無限《むげん》の富《とみ》を与えられましたことを悟《さと》り、色《いろ》いろ御礼《おれい》を申上《もうしあ》げたいと存《ぞん》じます。私《わたくし》は伊豆《いず》の三宅島出身《みやけじましゅっしん》の者《もの》であります。同じ三宅島出身者《みやけじましゅっしんしゃ》で誌友《しゆう》になっていた長谷川誠二《はせがわせいじ》が腎臓結核《じんぞうけっかく》で池田病院《いけだびょういん》に入院《にゅういん》していましたが、病院から帰郷《ききょう》して静養《せいよう》せよといわれて帰郷しているので、他《た》に用《よう》もあり、それに長谷川誠二の伯母《おば》で旅館《りょかん》をしているのがありますが、それに長谷川が太陽燈《たいようとう》を勧《すす》められて買って行《い》ったという事《こと》をききましたので、それはどうも捨《す》てておけないことであるというので、旁々《かたがた》私《わたくし》も六月二日《ふつか》ちょっと故郷《こきょう》の三宅島《みやけじま》へ帰ることに致《いた》しました。船は八丈《はちじょう》ヶ島通《しまがよ》いの霧丸《きりまる》で、その船には友人《ゆうじん》の子で、私《わたくし》が

頭注版㉞一六四頁

メリヤス　綿糸や毛糸などで編まれた、伸縮性、柔軟性に富む織物。手袋、靴下、肌着などに用いる

三宅島　東京都の伊豆七島の一島

腎臓結核　腎臓への結核菌感染症

太陽燈　強度の紫外線を発する水銀灯。医療・殺菌用に用いる

旁々　物事をするその一方で

八丈ヶ島　東京都の伊豆七島の一島。八丈島

その学生時代《がくせいじだい》に世話致《せわいた》しましたのが無線電話《むせんでんわ》の係《かか》りをやっていましたので、前《まえ》から八丈《はちじょう》ヶ島行《しまゆき》をすすめられていましたが、こういう機会《きかい》にとて今《いま》まで乗ったこともない特等室《とくとうしつ》へ入《い》れられました。ところが出発《しゅっぱつ》の夜《よる》は雨でした。九時頃《じごろ》になると銚子《ちょうし》と連絡《れんらく》をとる為《ため》に船から無線電話を打つことになっていましたが雷《かみなり》の為《ため》にそれが出来《でき》ませんで中止《ちゅうし》になりました。それから私《わたくし》が『生長《せいちょう》の家《いえ》』八月号《がつごう》をひらいて読んでいますと『先祖《せんぞ》の法事《ほうじ》だから明日《あす》は快晴《かいせい》にしたいと思っていたら快晴になった』というところがあって、願《ねが》えば天候《てんこう》も思うようになると知り、かつて新島《にいじま》で雨に降《ふ》られて困《こま》った体験《たいけん》を思い出して、何卒明日本船《どうぞあすほんせん》から艀《はしけ》に乗る時《とき》には天気《てんき》になって欲《ほ》しいと念《ねん》じたのでありました。そして又《また》、無線《むせん》が銚子《ちょうし》へ巧《うま》く打てるようにと念《ねん》じたのでありました。それが十時二十分前《じぶんまえ》であります。ところで十時にはまだ雷は頻《しき》りに鳴っていましたが、無線を打ってみると今度《こんど》は雷鳴《らいめい》が混信《こんしん》しないでうまくゆくのであります。

無線電話 電線を媒介させずに電波を利用して符号で行う通信

銚子 千葉県北東端の利根川河口に位置する市

新島 東京都の伊豆七島の一島

艀 河川や港湾などで大型の本船と陸との間を行き来する小舟

混信 無線、ラジオ等の通信で他局の電波が混ざって受信されることす。

翌朝《よくちょう》四時二十分《じぷん》、とても降《ふ》っています。ドアの中《なか》へ降《ふ》り込《こ》む程《ほど》なんで

『防水服《ぼうすいふく》を着《き》て降《お》りて下《くだ》さい』『不要《いら》ない！　神は絶対《ぜったい》で、すべてのすべてである』『いくら神がすべてのすべてであっても、現《げん》にこんなに降っていては仕方《しかた》がないじゃありませんか』そういう問答《もんどう》をしているうちに艀《はしけ》がやって来ました。

いよいよ濡《ぬ》れるつもりで上着《うわぎ》を脱《ぬ》いで軽装《けいそう》で降《お》りかけますと、不思議《ふしぎ》にもその途端《とたん》急《きゅう》に雨がやんでしまいました。そこで又上衣《またうわぎ》を着て降《お》りました。さて、降《お》りて聞いてみますと、もう何十日《なんにち》という旱魃《かんばつ》であったところ、その夜明方《よあけがた》から土砂降《どしゃぶ》りであったというのです。旱魃《かんばつ》の為普通《ためふつう》ならば砂《すな》ぼこりがひどくて到底歩行《とうていほこう》が出来《でき》ないのに、ちょうどその前《まえ》に土砂降《どしゃぶ》りがあって、埃《ほこり》を静めてズボン一《ひと》つ汚《よご》さずに歩けたのであります。この帰りに又《また》一つ奇蹟《きせき》が起《おこ》りました。三宅島《みやけじま》では、神著村《かみづきむら》で郵便物《ゆうびんぶつ》その他《た》船の発着《はっちゃく》をするのであり

旱魃　ひでり。長い間雨が降らず、作物の生育に必要な水がかれてしまうこと

神著村　三宅島にあった村。昭和二十一年に伊豆村、伊ヶ谷村と合併して三宅村が発足した

ますが、長谷川誠二《はせがわせいじ》のところへ行《ゆ》き『生命《せいめい》の實相《じっそう》』を三人《にん》にすすめ三時頃《じごろ》、神著村《かみづきむら》とは反対側《はんたいがわ》の姉の家《いえ》へ帰りました。そしてしばらく眠《ねむ》り五時半頃《じはんごろ》起きましたが、それからもう何《なん》となく神著村《かみづきむら》へ行《ゆ》くのが嫌《いや》になりました。前日《ぜんじつ》からその村へ行《い》っておけば、明日《あす》あわてなくてもよいのですが、何となく厭《いや》になり、やめてしまったのでした。ところが翌朝《よくちょう》十時頃《じごろ》下の方《ほう》が大変賑《たいへんにぎ》やかになり、聞いてみると今朝《けさ》早くこの日の航路《こうろ》が変《かわ》り姉の村から出ることになったとのことで、私《わたくし》は神著村《かみづきむら》への往復《おうふく》三里《り》をしないでも済んだことになったのであります。

　さて、長谷川誠二の話ですが、彼《かれ》は村へ帰る時太陽燈《ときたいようとう》を買って帰り、一日《にち》一時間《じかん》ずつ照射《やっ》ているのです。それで私《わたくし》が声《こえ》を励《はげ》まして叱《しか》りつけたのです。

『君《きみ》はインチキだ、あれ程迄《ほどまで》に話し、また先生《せんせい》にも君の治《なお》った喜《よろこ》びを話しておいたのに、太陽燈《たいようとう》とは何事《なにごと》であるか！　太陽燈《たいようとう》が必要《ひつよう》ならば、外《そと》へ出よ。

三里　約一二キロメートル

外《そと》には清浄《せいじょう》な大気《たいき》を通《とお》して、本当《ほんとう》の太陽《たいよう》が輝《かがや》いているではないか！　その太陽の恵《めぐみ》を受けないで太陽燈《たいようとう》とは不都合《ふつごう》だ』というので、八十円《えん》もする太陽《たいよう》燈《とう》を分解《ぶんかい》してしまい『こんなものこの島にはいらない、私は一体《いったい》この村へ何《なに》しに来たと思う。親戚《しんせき》もある。旧友《きゅうゆう》もいる。その人《ひと》たちが皆御馳走《みなごちそう》をつくって待っていてくれるのに、僕《ぼく》はこうして君《きみ》の家《いえ》で御飯《ごはん》を喰《た》べてやっているのではないか。君はもう治《なお》っているのだ。さあ散歩《さんぽ》に行《ゆ》け。怖《こわ》いことなんかあるものか、神様《かみさま》が行《ゆ》けといわれるのだ、行《ゆ》かないか』といって伴《つ》れ出《だ》しました。そして三宅島《みやけじま》でも景色《けしき》のよいところへ二里半《りはん》ばかり歩いて行《い》ったのでありました。出る時《とき》は二人《ふたり》きりでしたが、目的《もくてき》の村についた時には五人になっていました。『疲《つか》れたか？』と訊《き》きますと、『疲れない』という。『それ見ろ、二里半も歩いて疲れないのは、もう治《なお》ったのだ。』そこに土地《とち》の産土神《うぶすなのかみ》様《さま》があるのです。そこで『貴様腎臓結核《きさまじんぞうけっかく》とか何《なん》とかいったら罰《ばち》が当《あた》るぞ。もう全快《ぜんかい》したのだから、ここで神様に全快の御礼《おれい》と報告《ほうこく》をしろ。神様に全快

八十円　現在の約十六万〜二十四万円に相当する

二里半　約十キロメートル

産土神様　生まれた土地を守護する神をまつった神社

の御礼《おれい》を申《もう》してから、あとでぐずぐずいわせんぞ。』そして一同《いちどう》で、神前《しんぜん》で『甘露《かんろ》の法雨《ほうう》』をあげました。

こうして記念写真《きねんしゃしん》を撮《と》り、料理屋《りょうりや》へ上《あが》ってビールを二本とりました。長谷《はせ》川《がわ》の奴《やつ》、腎臓結核《じんぞうけっかく》にビールではじめは恐《おそ》れていましたが、『このビールは俺《おれ》が飲ませるのでない、神様《かみさま》が飲ませるのだ、飲め』といいましたら、獣医学《じゅういがっ》校《こう》の生徒《せいと》も一緒《いっしょ》にいましたが、二本のうちの一本を長谷川一人《はせがわひとり》で飲んでしまいました。それでも翌日何《よくじつなん》ともなく、腎臓結核で静養《せいよう》している男を、そんなふうにして救《すく》ってしまい、遂《つい》に全快祝《ぜんかいいわい》と送別会《そうべつかい》を一緒《いっしょ》にしたような有様《ありさま》でありました。」

それから末富《すえとみ》さんは肺病《はいびょう》の瀕死者《ひんししゃ》を強い真理《しんり》の言葉で救ったり、大腸《だいちょう》カタルの激烈《げきれつ》なのを治《なお》されたりしたが、あまりに次々《つぎつぎ》と治《なお》るので、却《かえ》って有難《ありがた》がられないで医者《いしゃ》の誤診《ごしん》だったのだ位《くらい》にされてしまうことを話された。そして「新聞《しんぶん》なんかに、よく巡査《じゅんさ》やその他《た》の善行美談《ぜんこうびだん》が載《の》せられますが、私《わたくし》は

肺病　肺の病気。特に本書執筆当時には不治の病とされていた肺結核を指す

瀕死者　今にも死にそうな人

大腸カタル　大腸粘膜の炎症により、下痢や腹痛などをもたらす疾患。大腸炎

ああいう記事《きじ》に書かれて世《よ》の中《なか》に発表《はっぴょう》されてしまうと、その善行《ぜんこう》も何《なん》だか帳消《ちょうけ》しにされてしまったようで惜《お》しい気がする。誰《たれ》が治《なお》してもよい、病人《びょうにん》が治《なお》ってしまえばよい。私《わたくし》はむしろ私《わたくし》が治《なお》したことにならない事《こと》を喜《よろこ》んでいます」と奥床《おくゆか》しい心情《しんじょう》を披瀝《ひれき》される。尚《なお》、末富《すえとみ》さんの話は続いて、その年《とし》六月頃経済的《ごろけいざいてき》に最《もっと》も苦境《くきょう》に立たれた時《とき》も、支払《しはら》うべきものをどんどん支払ったら不思議《ふしぎ》にも後《あと》から後《あと》からと意外《いがい》な補充《ほじゅう》が続いて、無限《むげん》の泉《いずみ》を汲《く》むが如《ごと》き経済状態《けいざいじょうたい》になられた喜びを語られたのであった。

無限供給《むげんきょうきゅう》と無数《むすう》の治験例《ちけんれい》

静岡県中駿支部《しずおかけんちゅうすんしぶ》をやっておられる兼井《かねい》さんの奥《おく》さんの、生長《せいちょう》の家《いえ》に入《はい》られてからの貴《とうと》い数々《かずかず》の御体験談《ごたいけんだん》を次々《つぎつぎ》に確《しっか》りした語調《ごちょう》で話され、満座《まんざ》の一同《いちどう》も深い感銘《かんめい》を受けたのであった。そのお話の大要《たいよう》は次のようである——。

帳消し　それ以前の行動や感情、状況などの価値が、差し引いて残りがなくなり消滅すること

奥床しい　控え目で心ひかれるさま

披瀝　心の中を包み隠さずに打ち明けること

頭注版㉞一六九頁

治験例　病気が治った実例

主人《しゅじん》は六年前《ねんまえ》から胸《むね》の病《やまい》で、その為《ため》東京《とうきょう》から実家《じっか》のある静岡県駿東郡富《しずおかけんすんとうぐんとみ》岡村《おかむら》へ静養《せいよう》に行《い》っておりましたが、色々《いろいろ》医療《いりょう》の手を尽《つく》しましたが治《なお》りません。私《わたくし》も三人《にん》の子供《こども》と重患《じゅうかん》の夫《おっと》とを抱《かか》えて今日《きょう》どうなるか、明日《あす》どうなるかと心労《しんろう》の絶《た》え間《ま》がございませんでした。今年《ことし》の三月《がつ》でしたが只今築地《ただいまつきじ》で支《し》部《ぶ》をやっておられる向井《むかい》さんから『生長《せいちょう》の家《いえ》』とパンフレットとを送られました。当時《とうじ》主人は今日《きょう》か明日《あす》かというような瀕死《ひんし》の状態《じょうたい》でございましたが、これを頂《いただ》いて大変喜《たいへんよろこ》び、熱心《ねっしん》に読みました。しかし私《わたくし》は今《いま》から見るとお恥《はず》かしい事《こと》でございますが、こんなに博士《はくし》に診《み》てもらい手を尽《つく》しても治《なお》らないのが、真理《しんり》を知るだけ位《くらい》で治《なお》ったりするはずが無《な》いと思い、全然《ぜんぜん》見る気が致《いた》しませんでした。ところが或《あ》る雨の日《ひ》、ちょっと暇《ひま》がありましたので、貶《けな》した本ではありますが一体《いったい》どんな本かと覗《のぞ》いてみる気になりました。主人が私《わたくし》に読ませたい気持《きもち》からでしょう、テーブルの上《うえ》に載《の》せてあった本を、それもあからさまに読んでは何《なん》だか夫に負けるような気がして恥《はず》かしいので

重患　重い病気
築地　東京都中央区の地名
あからさま　ありのまま　隠さず

傍《かたわら》にあった新聞《しんぶん》を読むふりをして開《ひら》いてみました。読んで行《ゆ》くに従《したが》ってそこに次々《つぎつぎ》に挙《あ》げられている素晴《すば》しい事実《じじつ》が、先《ま》ず私《わたくし》の心を捉《とら》えました。何《なん》という有難《ありがた》い教《おし》えだろうと、私《わたくし》は早速主人《さっそくしゅじん》に相談《そうだん》して『生命《せいめい》の實相《じっそう》』を註《ちゅう》文《もん》しました。それが着いたのが四月十二日《がつ》《にち》でございました。それからというもの、「まだあなた済《す》まないのですか」というふうに二人《ふたり》で奪《うば》い合《あ》うように読みますうちに、主人の病気《びょうき》はずんずん快《よ》くなりました。

或《あ》る日《ひ》のこと、主人は「これは寝《ね》ていてはいけない」といって起《お》き出《だ》そうと致《いた》します。私《わたくし》も御本《ごほん》は読んでおりましたが、あまりのことに思いましたので、一応《いちおう》は止《と》めましたが、とうとう主人は頑張《がんば》って起きてしまいました。それから一ヵ月《げつ》と経《た》たぬ内《うち》にすっかり元気附《げんきづ》きまして、この有難《ありがた》いみ教《おし》えを皆様《みなさま》に分《わ》けてあげなくてはとどんどんと出て歩きまして、一里位《りぐらい》の所《ところ》までも行《い》って来るようになりました。

或《あ》る日半里位《ひはんりぐらい》離《はな》れた所の人《ひと》で胃潰瘍《いかいよう》に永《なが》らく悩《なや》み、又神経痛《またしんけいつう》で腰《こし》が痛《いた》む

一里　約四キロメートル

という方《かた》が来られました。その方《かた》は『主婦之友《しゅふのとも》』五月号《がつごう》を見てから既《すで》に生《せい》長《ちょう》の家《いえ》を知っておられたのだそうですが、ちょうどその時主人《ときしゅじん》が外出中《がいしゅっちゅう》で「一旦《いったん》出かけたらどこへ行《ゆ》くか分《わか》らぬ。神様《かみさま》のお使《つか》いで行《ゆ》くんだから」と常《つね》常《づね》いっていますので、迎《むか》えに行《ゆ》くわけにもゆかず、代《かわ》って私《わたくし》が「生長《せいちょう》の家《いえ》」のお話をしながら長時間《ちょうじかん》待って頂《いただ》きました。その方《かた》は五《いつ》つになる男のお子さんを伴《つ》れてお出《い》ででしたので、生憎適当《あいにくてきとう》なお菓子《かし》がありませんでしたので有《あ》り合《あわ》せの落花生《らっかせい》に塩の附《つ》いているのを出しましたところ、その子は私《わたくし》の顔とを見較《みくら》べているのです。

お父《とう》さんは「いやこの子は胃腸《いちょう》が悪くて、一年間《ねんかん》お粥《かゆ》ばかり食べさせているのです」といわれます。私《わたくし》は「小母《おば》さんが上《あ》げるものは、いくら食べても大丈夫《だいじょうぶ》なのだから食べなさい」といって食べさせました。ところがその子はその落花生《らっかせい》をいつの間《ま》にか半分程《はんぶんほど》食べてしまったのでございます。それからその子は外へ遊《あそ》びに出掛《でか》けて行《ゆ》きましたが、とうとう近所《きんじょ》で川へ落ちてしまいました。何《なん》でもその子はその時風邪《ときかぜ》を引いておったそうです。濡《ぬ》れた着物《きもの》を乾《かわ》かす間《あいだ》、私《わたくし》の家《いえ》の子のを着せようとしましたが、「いいんだ」といって着ません。結局《けっきょく》裸《はだか》のまま五時間《じかん》もおりました。その内《うち》ようやく主人《しゅじん》が帰宅《きたく》しました頃《ころ》には、その方《かた》も腰《こし》の痛《いた》みも癒《い》えて帰られました。

その方《かた》が、宅《たく》に帰られてからお母《かあ》さんにその話をされると、胃腸《いちょう》の弱い子に南京豆《なんきんまめ》をソンナに食べさせられ水に落ちて五時間も裸《はだか》でおくなんて、随分《ずいぶん》まあ乱暴《らんぼう》なことをしたものだと、大《たい》へんそのお母さんに怒《しか》られて、「これはきっと熱《ねつ》でもひどく出るに違《ちが》いない」といわれた。

翌朝《よくちょう》になってからその方《かた》がわざと「どうだ熱があるだろう」とお母さんに訊《き》かれると、お母さんは黙《だま》っている。熱も何《なに》も出ないで、子供《こども》さんはもう外《そと》へ出て何事《なにごと》もなく遊んでいるので返答《へんとう》のしようがなかったのだそうです。常識《じょうしき》で考えれば実《じつ》に無茶《むちゃ》なことをさせながら、却《かえ》ってその男の子はそれ切り胃腸《いちょう》が治《なお》ってしまったので、『生命《せいめい》の實相《じっそう》』の無病《むびょう》の悟《さと》りは大変《たいへん》な効果《こうか》を

南京豆　落花生の別名

顕《あらわ》すものだということが判《わか》ったのでございます。

その後《ご》しばらくして今度《こんど》はその方《かた》の七歳《さい》のお子さんが丹毒《たんどく》になって入院《にゅういん》せねばならなくなったからと、お母さんが私共《わたくしども》の所《ところ》へ飛んで来られました。折悪《おりあ》しくそこの御主人《ごしゅじん》は東京《とうきょう》にお仕事《しごと》があって不在《ふざい》であったのを電報《でんぽう》で招《よ》び寄《よ》せるという騒《さわ》ぎでした。すぐ来てもらいたいということなので、早速主人《さっそくしゅじん》が参《まい》りまして、「これはもう大丈夫《だいじょうぶ》引《ひ》きうける。大丈夫《だいじょうぶ》治《なお》して上《あ》げる」と引受《ひきう》けたそうであります。しばらくお母さんにお話《はなし》してから、仏壇《ぶつだん》の前《まえ》で『甘露《かんろ》の法雨《ほうう》』を上《あ》げ、次に子供《こども》の寝床《ねどこ》の前《まえ》で神想観《しんそうかん》をしておりますと、ふっと丈夫《じょうぶ》な金太郎《きんたろう》さんのような顔《かお》が見えたそうであります。又《また》その中《うち》にその寝《ね》ている子が笑った。それでこれはもう本当《ほんとう》に大丈夫《だいじょうぶ》と思って「明後日《あさって》は来られるから家《うち》へ遊びに来なさいよ」とその子にいって帰りました。翌日《よくじつ》は朝からもう治《なお》ったお礼《れい》に来るかと思っていると、昼過《ひるす》ぎになってもやって来ない。すると、やがてその子のお父さんが消毒薬《しょうどくやく》のクレゾール

丹毒　皮膚の外傷などから連鎖状球菌が感染して起こる化膿性の炎症。高熱を発し、患部は境界が鮮明に赤く腫れ拡がって灼熱感や痛みを伴う

折悪しく　あいにく

クレゾール　Kresol ドイツ語。石炭タールや木タールから得られる無色または淡褐色の液体。消毒剤や殺菌剤、防腐剤として用いる

の臭《にお》いをプンプンさせてやって来ました。

私《わたくし》は主人《しゅじん》の所《ところ》へ参《まい》りまして、「てっきりあの子は死んだので消毒薬《しょうどくやく》の臭《にお》いをさせてやって来たのですよ」と申《もう》しますと、主人は「そんなことを訊《き》いてみないで分《わか》るものか」と落着《おちつ》いて出て行《ゆ》きましたが、訊《き》いてみると朝は大《たい》へんに腫《は》れたそうですが、その中《うち》腫《は》れがすーっと退《ひ》いてしまって、御飯《ごはん》が食べたいといい出したので食べさせたという話です。又《また》その翌日《よくじつ》には飛んで来まして「あの子が便所《べんじょ》へ行《ゆ》くといって何回《なんかい》も行《い》った。そして縁側《えんがわ》へ出たいといって出ているというようなわけで、これですっかり治《なお》ってしまいました」と申《もう》されました。

又無痛分娩《またむつうぶんべん》の例《れい》もございました。

妊娠《にんしん》七ヵ月目《げつめ》に大出血《だいしゅっけつ》をして、村の医者《いしゃ》などはこれは到底駄目《とうていだめ》だろうといった為《ため》、その産婦《さんぷ》さんは大《たい》へん心配《しんぱい》をして目が廻《まわ》ったり頭《あたま》が痛《いた》んだりしているというので頼《たの》みに来られたのでございました。私共《わたくしども》の所《ところ》からは更《さら》に一里程《りほど》山の中《なか》になるのですが、早速《さっそく》二人《ふたり》伴《づ》れで参《まい》りまして、生長《せいちょう》の家《いえ》のお話《はなし》をし、「あなたが出血《しゅっけつ》したのは要《い》らない悪い血を出して下《くだ》さったのだから、ちょっとも心配《しんぱい》することは要《い》らないのです。だからもうこれからお起《お》きなさい」と申《もう》したのでした。それからその方《かた》はずっと起きて、天秤《てんびん》で水を運んだりしていられたそうであります。

八月《がつ》の二十七日《にち》に「今日《きょう》はお産《さん》がありそうな気がする」といわれましたが、御主人《ごしゅじん》はそう早速《さっそく》生《うま》れることもないだろうと畑へ出かけて行《ゆ》かれた。その留守《るす》、子供《こども》二人《ふたり》だけいる時《とき》に痛《いた》みも何《なに》もなく生《うま》れてしまわれたそうであります。田舎《いなか》では特別《とくべつ》に産婆《さんば》とてございませんので、子供にどこそこのお婆《ばあ》さんを招《よ》んで来て頂戴《ちょうだい》といって走らせましたところ、お婆さん連《れん》が駈《か》け着《つ》けて来まして、その安々《やすやす》と生《うま》れたことに一同驚《いちどうおどろ》いたそうであります。それからその産婦《さんぷ》さんは五日目《いつかめ》から起きて働《はたら》いているということであります。

脊椎《せきつい》カリエスで頼《たの》んで来られた方《かた》もありました。これも早速二人《さっそくふたり》で駈《か》け着《つ》

天秤　天秤棒の略。両端に荷物をつるして肩に当ててかつぐ棒

産婆　助産婦、助産師の旧称

脊椎カリエス　脊椎の結核で、結核性脊椎炎とも呼ばれる

けました。何《なん》でも県庁《けんちょう》の医師《いし》に診《み》てもらったところ、骨《ほね》が腐《くさ》って膿《のう》が出ているといったとかで、すっかり弱っておりましたが私《わたくしども》共が参《まい》りまして『生《せい》命《めい》の實相《じっそう》』の話をし病気《びょうき》は無《な》い理由《りゆう》をくわしく申《もう》し上《あ》げますと、今迄《いままで》寝《ね》た切《き》りであったその病人《びょうにん》が床《とこ》の上《うえ》に起《お》き上《あが》りまして、自分《じぶん》で座敷《ざしき》の方《ほう》へ出て参《まい》りまして、それから又《また》二時間《じかん》余《あま》りも真理《しんり》の話を聴《き》かれました。最後《さいご》に、「あなた、この本を百遍《ぺん》でも繰返《くりかえ》しお読みなさいよ」といって帰ろうと致《いた》しますと、更《さら》に廊下《ろうか》まで出て来て挨拶《あいさつ》されました。その後《ご》どうなされたかと思いつつそのままになっておりますと、或《あ》る日子供《ひこども》が帰って来て、「あのひとは庭をあるいていて、豚《ぶた》にやる草だか藁《わら》だかを切っていたよ」といいました。それから十日目《とおかめ》に訪《たず》ねてみますと、もうすっかり元気《げんき》になっておりまして、「お蔭様《かげさま》で命《いのち》を拾《ひろ》って頂《いただ》きました」といって喜《よろこ》んでおられたのです。

私《わたくしども》共はこうして多勢《おおぜい》の方《かた》に真理の話を取次《とりつ》いでいるのでございますが、田舎《いなか》の方《かた》はどういうものか、治《なお》るともうそれっ切りでなかなかお礼《れい》にお出《い》でにならないのです。何《なに》も品物《しなもの》を持って来て頂《いただ》かないでよいのですから、ただ挨拶《あいさつ》だけでも来て下《くだ》さればと思うのに、お出《い》でにならぬのです。あの脊椎《せきつい》の方《かた》も或《あ》る時《とき》近くの山路《やまじ》でお遇《あ》いしたので、どうなさったかといいますと、どこそこまで用達《ようた》しに行《い》ったという話です。「あなた、そんなに私の家《いえ》を通《とお》り越《こ》して用達《ようた》しに行《ゆ》ける位《ぐらい》になったのなら、一遍位家《いっぺんぐらいうち》へもお寄《よ》りなさいよ」と申《もう》したのでございました。

最後《さいご》に私《わたくし》は幼《ちい》さい時から頭痛持《ずつうも》ちでございまして、肩《かた》が凝《こ》って困《こま》っておりましたが、本年《ほんねん》四月《がつ》『生命《せいめい》の實相《じっそう》』を読んでからは根切《ねぎ》りになってしまいまして、こんなに数々《かずかず》の有難《ありがた》いお蔭《かげ》を頂《いただ》いたことをほんとに厚《あつ》く御礼申上《おれいもうしあ》げます。まだまだ申上《もうしあ》げればたくさん有難《ありがた》い体験《たいけん》がございますのですが、あまり一人《ひとり》でおしゃべりしますので、この位《くらい》に致《いた》しておきます。——

こういって兼井夫人《かねいふじん》は満座《まんざ》の感激《かんげき》の拍手《はくしゅ》の裡《うち》に一旦座《いったんざ》に附《つ》かれたのであったが、又《また》しばらくしてお話の途切《とぎ》れを待って起上《たちあが》って次のように続いてお話

根切り 元から断ち切ること。ここでは病が根治すること

しになった。

「先生《せんせい》、ちょっと申《もう》し上《あ》げたいのでございますが、私《わたくし》この頃《ごろ》欲《ほ》しいと思う物《もの》が何《なん》でもたくさんに参《まい》るのでございます。私 共《わたくしども》は田舎住《いなかずま》いのことでして、お菓子《かし》をあまり買いませぬので、子供達《こどもたち》が皆麦粉菓子《みなむぎこがし》が好《す》きになりまして、或《あ》る日《ひ》買って頂戴《ちょうだい》と子供が申しておりましたら、ちょうど麦粉菓子《むぎこがし》を一升程《しょうほど》よそから頂《いただ》きました。又或《またあ》る時《とき》はどこにもお餅《もち》などありませんのに、鼻《はな》の所《ところ》へ頻《しき》りにお餅の匂《にお》いがして参りますので、『私《わたくし》、お餅が食べたくて仕様《しよう》がない』と主人《しゅじん》に申しますと、『今頃《いまごろ》餅を作る所なんかあるものか』と主人は笑っておりました。ところがその晩《ばん》にお餅をたくさん頂いたのでございます。

「宅《たく》へは毎晩多勢《まいばんおおぜい》の方《かた》が話を聴《き》きにお見えになるのですが、皆《みな》さんが十一時《じ》十二時にお帰りになるのはよい方《ほう》で、一時二時になることが屢々《しばしば》でございます。それでも少しも疲《つか》れもせず毎朝《まいあさ》五時には起きまして、食事前《しょくじまえ》に神想観《しんそうかん》を

麦粉菓子 「麦焦がし」を指すと思われる。大麦を煎って焦がし、ひいて粉にしたもの。菓子の原料とするほか、砂糖を加えて湯で煉って食べる

一升 尺貫法の容量の単位。約一・八リットル

致《いた》しております。又昼間《またひるま》お見えになる方《かた》もございます。食事時《しょくじどき》になりますとその方々《かたがた》にも食事を差上《さしあ》げますのですが、それが毎日《まいにち》二、三人宛《ずつ》はございましてそのため色々余分《いろいろよぶん》の出費《しゅっぴ》も要《い》るのです。ところが一方他《いっぽうよそ》から炭《すみ》を頂《いただ》いたり、麦《むぎ》を註文《ちゅうもん》に行《ゆ》こうと思って行《ゆ》かれずにいる中《うち》に、麦をたくさん頂いたり致《いた》すのでございます。

「主人《しゅじん》の学校時代《がっこうじだい》からの友人《ゆうじん》の甥《おい》が向井《むかい》さんといわれるのですが、この方《かた》が独立《どくりつ》して事業《じぎょう》を始められたい希望《きぼう》で私共《わたくしども》の所《ところ》へ相談《そうだん》にお出《い》でになりました。主人は快《こころよ》く同意《どうい》して証書《しょうしょ》一枚取交《とりかわ》す事《こと》なく援助《えんじょ》をすることになり築地《つきじ》に工場《こうじょう》を設《もう》けて事業《じぎょう》を開始《かいし》いたしましたところ、早速帝国《さっそくていこく》ホテル、東京会館《とうきょうかいかん》、日産自動車等《にっさんじどうしゃとう》から註文《ちゅうもん》がありまして大《たい》へん都合《つごう》よく往《い》っております。そこの職工《しょっこう》も五人《にん》が皆生長《みなせいちょう》の家《いえ》の家族《かぞく》になっており、工場の名は『大光明《だいこうみょう》向井製作所《むかいせいさくじょ》』と附《つ》けまして、ここに完全《かんぜん》な生長《せいちょう》の家工場《いえこうじょう》が出来《でき》たわけでございます。先頃《さきごろ》この工場の出来た祝賀会《しゅくがかい》を催《もよお》すことになり、工場の皆様《みなさま》に

職工　職人。工員

生長の家の家族　生長の家の教えを信奉する信徒を親愛を込めて言った言葉

静岡県《しずおかけん》の私宅《わたくしたく》まで来て頂《いただ》きました。その席上《せきじょう》鴨緑江節《おうりょっこうぶし》に合《あわ》せて歌を作りまして、一同《いちどう》で歌い、主人《しゅじん》が振附《ふりつけ》をして又《また》一同で踊《おど》ったりしたのでございます。その歌はこういうのでございます。ちょっと歌ってみます。」こういって兼井夫人《かねいふじん》は何《なん》のわだかまりもない朗《ほが》かさで歌われた。その歌は次の通《とお》りであった。

「生長《せいちょう》の家《いえ》の　家族《かぞく》の
　あるその中《なか》で　ヨイショ
いとも名高《なだか》きアリャ製作部《せいさくぶ》よ
無限《むげん》に　生長する　チョイチョイ」

金《かね》も時間《じかん》も無限《むげん》供給《きょうきゅう》

金沢《かなざわ》の北島是隆《きたじまこれたか》さんが上京《じょうきょう》せられ、次の如《ごと》くお喜《よろこ》びになった。

鴨緑江節　大正年間に流行した俗謡。和歌山県の熊野地方から出稼ぎに行った筏師(いかだし)が当地で歌って後に日本各地に伝わった。鴨緑江は現在の北朝鮮と中国との国境の大河で日清・日露戦争の戦場にもなった

製作部　生長の家の信徒の中で物作りを担う部門という意と思われる

頭注版㉞一七八頁

「私《わたくし》の実家《じっか》は農家《のうか》でありまして、最近《さいきん》その村の氏神様《うじがみさま》の社《やしろ》を建築《けんちく》するに当《あた》りまして、私共《わたくしども》もまあ本家《ほんけ》の半分《はんぶん》は出さなければと思っていました。ちょうどその頃《ころ》全集《ぜんしゅう》の第《だい》一巻を拝見《はいけん》致《いた》していたのでありますが、偶然《ぐうぜん》というには不思議《ふしぎ》過《す》ぎることで、思いもよらぬ大金《たいきん》一千円《せんえん》というものが入《はい》って来たのであります。これはまあ勿体《もったい》ないことだと思いましたが、しかしながら、氏神《うじがみ》様《さま》の建築のことを思いまして、それを、そっくり区長《くちょう》に差出《さしだ》したのです。ところが区長はこんな大金は頂《いただ》けぬというのです。区長に寄附《きふ》するのではない、神様《かみさま》の社《やしろ》に寄附したのにと思いまして、次に八百五十円差出《さしだ》しましたところが、これも受取《うけと》らない。私《わたくし》としては宮《みや》の普請《ふしん》に出したのでありますから、随分《ずいぶん》わけのわからない区長だと思いましたが、あまりわからないから、よく考えましたのであります。『これは、私《わたくし》がこれだけ出すと、自分達《じぶんたち》もそれに比例《ひれい》して出さなければならないので受けとらぬのであろう』と。それで、今度《こんど》は五百円出すことにしまして、『今度は三度《ど》目《め》だから是非《ぜひ》受取《うけと》って

氏神様　村落などが共通の守護神としてまつる神

本家　分家した者が分家するまで家族として属していた家

全集の第一巻　昭和十年一月発行の黒布表紙版『生命の實相』第一巻。「総説篇」「実相篇」。本全集では第一～四巻

八百五十円　現在の約百七十万～二百五十五万円に相当する

普請　土木工事。建築工事

五百円　現在の約百万～百五十万円に相当する

もらいたい』といいましたところが、これも受取《うけと》らぬという。それで『そんな不都合《ふつごう》な事《こと》はない。神様《かみさま》との中間《ちゅうかん》に立ってそれを拒《こば》むということはない』といいまして最後《さいご》に受取《うけと》らせましたのでありますが、これは何《なに》も自慢《じまん》ではなく、全集《ぜんしゅう》一巻《かん》で真理《しんり》を解《さと》って、こういう無限供給《むげんきょうきゅう》の御蔭《おかげ》をうけたという御礼《おれい》を申《もう》すわけであります。ここにその領収証《りょうしゅうしょう》がございます」といって北島《きたじま》さんは物固《ものがた》そうな手つきで、石川県石川郡《いしかわけんいしかわぐん》のある村の村長《そんちょう》の印《いん》のある受領証《じゅりょうしょう》を先生《せんせい》の御目《おめ》にかけられた。「ところであとにまだ五百円も残っているのです。その神社《じんじゃ》には以前《いぜん》百円寄附《きふ》したこともありますのでそれはそれで落着《らくちゃく》しまして、私《わたくし》は若い時《とき》から観音様《かんのんさま》の信仰《しんこう》をもっていましたのでそのお寺にも五百円喜捨致《きしゃいた》しました。氏神様《うじがみさま》と観音様《かんのんさま》にそんなふうに寄附《きふ》させて頂《いただ》きましても、尚物質的《なおぶっしつてき》にも精神的《せいしんてき》にもいよいよ豊《ゆた》かな恵《めぐ》まれた生活《せいかつ》を致《いた》していまして、洵《まこと》に有難《ありがた》いことに存《ぞん》じています。……私《わたくし》は先生《せんせい》の御本《ごほん》を読んでいますと、もう商売《しょうばい》の事《こと》も何《なに》も忘れて読むのであります。先生が七尾《ななお》へ

物固い　慎み深く律儀なさま。実直なさま

百円　現在の約二十万～三十万円に相当する

落着　きまりがついて落ち着くこと

観音様　観世音菩薩。最もひろく崇拝されている菩薩。大慈大悲に富み、三十三の姿に変じて人間の一切の悩み苦しみを除くとされる

喜捨　喜んで寺社に寄付したり、他人に施したりすること

七尾　石川県能登地方の中心都市。現在は市となっている。立教間もない昭和九年に住吉在住の著者が地方の信徒の求めに応じて巡錫した町の一つ。本全集第九巻「聖霊篇」中巻第四章等参照

御出《おい》でになりました時《とき》には本当《ほんとう》に親様《おやさま》に会ったような嬉《うれ》しい気がしまして抱《だ》きつきたいと思ったのであります。皆《みな》もそう思われたのでありましょうから、私一人《わたくしひとり》先生に抱きついては悪かろうと存《ぞん》じましたのでありますが……さっきも玄関《げんかん》のあくのを待っていました時思ったのでありますが、私《わたくし》は毎《まい》朝《あさ》二時《じ》から起きて、それから五時まで三時間全集《じかんぜんしゅう》を読んでいますが、始《はじ》めは朝五時に起きて一時間ずつ読んでいたのです。ところが考えますと、毎朝一時間ずつが一ヵ月《げつ》で三十時間にもなる。これは面白《おもしろ》いちゅうことに気がつきまして、それから一時間二時間となり、二時間が三時間となったわけであります。毎日《まいにち》三時間ずつ聖典《せいてん》を読誦《とくじゅ》すると一月《つき》には九十時間という大きな時間になるのです。それで身体《からだ》はどうかと申《もう》しますと、一層《いっそう》気持《きもち》がよい。胸《むね》がすーとなるのですね。本は読みたいけれども時間がないという人《ひと》は、時間がないのではない、読まんのですね。」

「それはそうです。熱心《ねっしん》に読みたいと思えば、あなたのようにして時間をつくることが出来《でき》るわけですね。大変《たいへん》いいお話でした。」こう谷口先生《たにぐちせんせい》はお喜《よろこ》びになった。

医者《いしゃ》を拒《こば》むな

永待《ながまつ》さんの奥《おく》さんが、子供《こども》の太腿《ふともも》に大きな癰《よう》が出来《でき》たのを谷口先生にお願《ねが》いして帰ったら、その日《ひ》のうちにそれが口を開《ひら》いて治《なお》ってしまったお礼《れい》をいわれた。今度《こんど》はまたそのお子さんが常《つね》に微熱《びねつ》を出す原因不明《げんいんふめい》の病気《びょうき》について、御主人《ごしゅじん》は潜伏結核《せんぷくけっかく》ではないかと心配《しんぱい》して医者《いしゃ》にかけて、普通《ふつう》の療養《りょうよう》をさせるように旅先《たびさき》から指図《さしず》されたのに対《たい》して如何《いかが》したものでしょうかとお訊《き》きになった。谷口先生のお答え――

「御主人のいわれるようになさればいいのです。御主人のいう通《とお》りになさればば、あなたの責任《せきにん》は無《な》くなり、御主人との心の摩擦《まさつ》がなくなる。お子さんの

頭注版㉞一八〇頁

潜伏　病原菌などに感染していて、症状が現れていないこと

御病気《ごびょうき》は結局《けっきょく》お二人《ふたり》の心の摩擦《まさつ》でありますから、心の摩擦がとれればお子さんの病気《びょうき》もよくなるのです。……

「人生《じんせい》は遊戯《ゲーム》であると思えばよいのですよ。薬《くすり》を服《の》む遊戯《ゲーム》、吸入《きゅうにゅう》をする遊戯《ゲーム》と思えばよい。それを病気だと思うからいけないのです。だからね、御《ご》主人《しゅじん》がせよというままにしてそれを一々《いちいち》しっかり細大漏《さいだいも》らさず報告《ほうこく》なさい。今日《きょう》は誰々《たれたれ》の診察《しんさつ》をうけて、こういわれた、今日《きょう》はこんなふうに手当《てあて》をしたとお知らせなさい。ゲームだから相手次第《あいてしだい》になるのです。碁《ご》を打つと同じだ。向《む》うがそこへ石を打ったら、こちらもそれにあうようにこちらの石を打つ。御主人のいわれるままに御主人の信頼《しんらい》なさる医者《いしゃ》の診断《しんだん》をうけなさい。御主人がそれで安心《あんしん》され、あなたの心もそれでいいと御主人を信頼されるようになれば病気はよくなるのですよ」と先生《せんせい》のお諭《さと》しは実《じつ》に自由無礙《じゆうむげ》だ。質《しつ》問者《もんしゃ》の石の打《う》ち方《かた》によって、それぞれ一番《ばん》よい石をお打ちになるのであろう。

細大漏らさず　細かい事も大きい事も一つ残さず

自由無礙　自由自在で心に妨げがなく、とらわれがないさま

家《いえ》・下駄《げた》・胃《い》・唇《くちびる》・舌《した》・耳のお蔭《かげ》

「私《わたくし》は池袋《いけぶくろ》にいます門田《もんでん》というものでありますが、生長《せいちょう》の家《いえ》に入《はい》らして頂《いただ》いてから、医者《いしゃ》に近づくということを必要《ひつよう》としなくなりましたので、この度杉並《たびすぎなみ》の方《ほう》へ移転《いてん》することに致《いた》しましたのですが、今迄《いままで》いた家《いえ》といいますのは私《わたくし》の知人《ちじん》が大阪《おおさか》へ行《ゆ》く時《ときわたくし》私に買ってくれというので、私《わたくし》が買ったものであります。ところでこの家《いえ》を明《あ》けるということになりましてから随分諸《ずいぶんしょ》方《ほう》から話もありましたが決めないでいましたところ、この大阪へ行った知人が、又上京《またじょうきょう》することになり、それではというので買《か》い戻《もど》すということになりまして、殊《こと》に君《きみ》のように生長の家の誌友《しゆう》の方《かた》がいられた家《いえ》なら尚有難《なおありがた》いといわれまして、話が整《ととの》い、両者《りょうしゃ》とも大変喜《たいへんよろこ》ばしい結果《けっか》になったのは、誠《まこと》に生長の家のお蔭《かげ》と喜んでおります。

頭注版㉞一八一頁

私《わたくし》は又《また》これまで下駄《げた》の外側《そとがわ》が減《へ》る癖《くせ》がありましたが、誌友《しゆう》になりましてから心が真直《まっす》ぐになったと見えまして真直《まっす》ぐに減るようになったのであります。他《ほか》にもまだいろいろお蔭《かげ》をうけました。胃《い》の悪かったのも自然《しぜん》に治《なお》り、又唇《またくちびる》が墨《すみ》を塗《ぬ》ったように黒かったのがそれも赤くなり、又舌《またした》も大変《たいへん》悪かったのですが、これ又《また》よくなりまして洵《まこと》に有難《ありがた》いことでございます。」門田《もんでん》さんの心からなるお礼《れい》とお喜《よろこ》びの報告《ほうこく》に次いで、藤田夫人《ふじたふじん》が、その娘《むすめ》さんと共《とも》に真剣《しんけん》な態度《たいど》で次のように語りはじめた。

「私《わたくし》は三年前《ねんまえ》から耳を悪くしていました。実《じつ》は十七、八年前《ねんぜん》にも一度《ど》悪かったことがございましたが手術《しゅじゅつ》はしないでいました。それで鈴木貞子《すずきさだこ》さんの御紹介《ごしょうかい》で誌友《しゆう》にならせて頂《いただ》きまして『生命《せいめい》の實相《じっそう》』を拝見《はいけん》しています間《あいだ》に、段々《だんだん》この耳の病《やまい》も薄《うす》らいで参《まい》りましたが、その間《あいだ》に、この娘がちょうど八月《がつ》から病臥《ふせ》るようになりましたのでございます。医者《いしゃ》は肋膜《ろくまく》とか喘息《ぜんそく》とかいいましたが、『生長《せいちょう》の家《いえ》』を一冊拝見致《さつはいけんいた》しましたら、本当《ほんとう》に不思議《ふしぎ》な程《ほど》で

肋膜　肺の外部を覆う胸膜に炎症が起こる疾患。現在では胸膜炎という

ございました。咽喉《のど》のぜいぜいというのが無《な》くなり、何《なん》ともいえない快《よ》い気《き》分《ぶん》になりまして、医者《いしゃ》はまだ床《とこ》の中《なか》におれといいますのに、今朝《けさ》は雨が降《ふ》ろうと何《なん》であろうと是非是非《ぜひぜひ》御礼《おれい》に伴《つ》れて行《い》って下《くだ》さいと申《もう》しまして、こうして一緒《いっしょ》に参《まい》りました次第《しだい》でございます。又私《またわたくし》の耳も、もう古い病《やまい》のことでございますから諦《あきら》めていましたのでございますが、五月頃《がつごろ》から耳の中《なか》でガラガラとまるで何《なに》か機械《きかい》を廻《まわ》すようなひどい音がしまして、とてもつらくてフラフラとなりましたが、やはり医者には行《ゆ》かないでいました。そして一週《しゅう》間《かん》ばかり繰返《くりかえ》し繰返《くりかえ》し聖典《せいてん》を拝見《はいけん》していましたところ、ガラガラという耳鳴《みみなり》は一時反動的《いちじはんどうてき》に一層《いっそう》大きくひどくなりましたが、やがて又《また》、いつとはなしに無《な》くなりましたのでございます。私《わたくし》がこの道場《どうじょう》へ初《はじ》めて上《あが》らせて頂《いただ》きましたのは六月六日《がつむいか》の晩《ばん》でございましたが、その晩もちょうどこの辺《へん》にいましたが先生《せんせい》のお言葉がはっきり伺《うかが》えませんでしたけれども、今《いま》では相当後《そうとううしろ》の方《ほう》でも聞《きこ》えるようになりました。ガラガラという耳鳴《みみなり》はもうピッタリとなく

耳鳴　実際には音がしていないが耳の奥で音を感ずること。中耳炎、高血圧、動脈硬化症や中枢神経の疾患などの際に現れる症状

反動的　ある動きに対して反対の動きが生じるさま

なり、お蔭様《かげさま》で母娘《おやこ》共《とも》に有難《ありがた》いことと喜《よろこ》ばせて頂《いただ》いている次第《しだい》でございます。」

とて、母娘《おやこ》揃《そろ》って嬉《うれ》しげに先生《せんせい》にお叩頭《じぎ》された。

生長《せいちょう》の家《いえ》は手を触《ふ》れぬ、金《かね》も取らぬ

医学博士《いがくはくし》六人《にん》が、ほとんど絶望《ぜつぼう》と宣告《せんこく》した伯母《おば》さんの病気《びょうき》を話を聴《き》かせて回復《かいふく》せしめられた古川恵偉子《ふるかわえいこ》さん——その朗《ほがら》かさ明るさは『生長の家』誌友《しゆう》の中《なか》でも一段《いちだん》と晴ればれと冴《さ》えて、古川《ふるかわ》さんといえば、ああの明朗夫人《めいろうふじん》かと誰《たれ》にもわかる程《ほど》になっている——その古川夫人《ふるかわふじん》が立《た》ち上《あが》られた。やがてこの人《ひと》は生長《せいちょう》の家学生寮《いえがくせいりょう》の寮母《りょうぼ》になったが、これはそれ以前《いぜん》の話である。

「今朝《けさ》、私共《わたくしども》の宅《たく》へ警察《けいさつ》の方《かた》が参《まい》られまして、私共《わたくしども》の宅へ出入《しゅつにゅう》される方《かた》が多いのでいろいろと御訊《おたず》ねがありました。『生長の家は病気治《びょうきなお》しをして

頭注版㉞一八三頁

古川恵偉子さん　昭和十一年三月発行の『白鳩』創刊号にも寄稿するなど草創期からの信徒。生長の家の役職を歴任した。昭和五十四年逝去

明朗　明るく朗らかなこと

生長の家学生寮　昭和十三年竣工、同十四年より始動した男子学生寮。生長の家の教えを実践しながら各自の学校に通学させた。『生長の家』誌昭和十三年十二月号に「生長の家学生寮の設立」と題して設立趣旨、綱領、募集要項等が掲載された

寮母　学生寮などで寮生の世話をする女性

いるのか?』『お金《かね》をとるのか?』などというような御訊《おたず》ねでありましたので、私《わたくし》はこう申上《もうしあ》げましたのでございます。

「『生長《せいちょう》の家《いえ》では病気《びょうき》を認《みと》めてその病気を治《なお》すのではございません。従《したが》って勿論《もちろん》お金《かね》など頂《いただ》いているのではございません。どなた様《さま》でも皆同胞《みなきょうだい》と思い、当《あた》り前《まえ》の話をし、当《あた》り前《まえ》の事《こと》をしているだけでございまして、手を按《あ》てたりなどして病気を治《なお》すのではないのでございます。ただ生長の家の真理《しんり》の御話《おはなし》をしていますと、自分《じぶん》の魂《たましい》も喜《よろこ》び、他様《ひとさま》の魂も喜び、自然皆様《しぜんみなさま》の生活《せいかつ》なり性格《せいかく》なりが明るくなったり、病気が治《なお》ったりするのでございまして、一日《にち》も早く皆様に生長の家の真理が常識化《じょうしきか》されますようにと念《ねん》じているのでございます』と申《もう》しまして、それからこの『生長の家』、『生命《せいめい》の實相《じっそう》』の御話《おはなし》を二時間《じかん》ばかり御話《おはな》し致《いた》しましたところ、その方《かた》も大変結構《たいへんけっこう》な御話《おはなし》を聴《き》いて洵《まこと》に有難《ありがた》かったと申されます。それで今日《きょう》は職務上《しょくむじょう》として御出《おいで》になりましたが、この次には奥様《おくさま》とも御一緒《ごいっしょ》に個人《こじん》として御出《おい》で下《くだ》さい、と申してパンフレットや無代本《むだいぼん》を差上《さしあ》げました。その方《かた》もお帰りには大変喜《たいへんよろこ》んで全《まった》く打ちとけて誌友《しゆう》のようになって御帰《おかえ》りになりました。ついでございますので申上《もうしあ》げますが、生長《せいちょう》の家《いえ》では、肉体無《にくたいな》し物質無《ぶっしつな》しと教《おし》えられていますのに病気《びょうき》を治《なお》すのに手を触《ふ》れて欲《ほ》しいとて手に頼《たよ》られる方《かた》がございますように見受《みう》けられますが、もっともっと教えを深く知る事《こと》が大切《たいせつ》かと思われます。私《わたくし》は手を、手を、といって御頼《おたの》みになる方《かた》には、帰って頂《いただ》くことにしているのでございます。『生命《せいめい》の實相《じっそう》』を深く知れば自分自身《じぶんじしん》も病気も無《な》いものであることがわかりますから、況《いわん》や手に頼るということは無《な》いはずでございます。」

実《じつ》にイキイキと、明朗《めいろう》そのものの如《ごと》くに語るのだった。同坐《どうざ》していた一同《いちどう》も拍手《はくしゅ》を送ってそれに応《こた》えて古川夫人《ふるかわふじん》を激励《げきれい》した。

すると、谷口先生《たにぐちせんせい》は被仰《おっしゃ》った。

「病人《びょうにん》に手など触れなくても言葉が触れるのだから、大丈夫《だいじょうぶ》なんです。

況や　まして

同坐　同じ席に居合わせること

『肉体《にくたい》は無《な》い』と宣言《せんげん》している生長《せいちょう》の家《いえ》へ来て肉体の手を触《ふ》れてくれというのは矛盾《むじゅん》です。手とは何《なん》ですか、エーテルの波動《はどう》である。触覚《しょっかく》とは何《なん》ですか、波動の感触《かんしょく》である。すると声《こえ》が聞《きこ》えるとは何《なん》ですか、やはり波《なみ》の感触じゃありませんか。手を触れるのも、言葉を聞くのも、触れるという上《うえ》からいえば同じなのです。言葉が触れていることであるから、言葉の力《ちから》で治《なお》るのですよ。手を触れなければ治《なお》らない病人《びょうにん》は、病人自身《びょうにんじしん》が何《なに》か頼《たよ》りなく思うから、そうなので、本当《ほんとう》は言葉が触れて治《なお》るのです。」

一座《ざ》の人々《ひとびと》は成《な》る程《ほど》と悟《さと》った様子《ようす》であった。

治《なお》る人《ひと》と治《なお》らぬ人の体験《たいけん》

その後《ご》また話されたメリヤス屋《や》さんの末富《すえとみ》さんの話を要約《ようやく》しよう――

末富さんが、櫻井正枝夫人《さくらいまさえふじん》に真理《しんり》の話をしてあげると櫻井夫人《さくらいふじん》は肺結核《はいけっかく》の

矛盾 つじつまが合わないこと

波動 ある一点に起こった状態の変化がほぼ一定の時間をおいて周囲に伝わる現象

頭注版㉞一八六頁

肺結核の三期 肺結核の最も重い状態。本書執筆当時は軽い症状から順に一期・二期・三期と分類されていた

三期《き》から起《た》ち上《あ》がった。末富《すえとみ》さんは肉体《にくたい》は存在《そんざい》しない、実相《じっそう》のみ実在《じつざい》であるとの絶対信念《ぜったいしんねん》から苦しさに耐《た》えられない程《ほど》の病人《びょうにん》に対《たい》しても、断乎《だんこ》として神の絶対威力《ぜったいいりょく》を説《と》いたのだった。「肉体本来無《ほんらいな》し。人間《にんげん》は神の子である」の真理《しんり》を知るとき、今迄《いままで》肉体を何《なん》とかしなければならぬと引っかかっていた心が解《かい》放《ほう》されると胸《むね》を絞《し》めつけるような思いがなくなるから胸の血行《けっこう》もよくなり、抗病力《こうびょうりょく》が強くなって早く恢復《かいふく》するのである。その上《うえ》、「天地一切《てんちいっさい》のものと和解《わかい》せよ」の教《おし》えを受けて、胸の中《なか》で摩擦《まさつ》していた思いが消えると、肺臓《はいぞう》内《ない》の炎症《えんしょう》も自然《しぜん》に消えて行《ゆ》くことになるのである。肺病《はいびょう》の心的原因《しんてきげんいん》は争《あらそ》う心、短気《たんき》な心、憂鬱《ゆううつ》を胸にためている心、特《とく》に夫婦関係《ふうふかんけい》で摩擦する場合《ばあい》には起《お》こり易《やす》いのである。ともかくこの櫻井夫人《さくらいふじん》もこの強い信念の下《もと》に実相一元《じっそういちげん》の話を聞かされ、良人《おっと》に調和《ちょうわ》して感謝《かんしゃ》しようという気持《きもち》になった時《とき》、長い間《あいだ》の病床《びょうしょう》にあってお粥《かゆ》のみ食べていた夫人《ふじん》が急に堅《かた》い御飯《ごはん》を頂《いただ》ける程《ほど》の元気《げんき》が出て、歩行《ほこう》も出来《でき》、表《おもて》へも出られるようになった。その状態《じょうたい》を近所《きんじょ》の人《ひと》た

抗病力　病気に抵抗する力

ちが見た時《とき》、驚《おどろ》いて叫《さけ》び出《だ》したということである。家人《かじん》も仕事《しごと》に手がつかない程《ほど》の驚きと歓喜《かんき》であった。末富《すえとみ》さんは更《さら》に語《ことば》を次《つ》いでこういった。

「心から素直《すなお》に『実相《じっそう》』のみにお頼《たよ》り致《いた》しますという気持《きもち》にならない限《かぎ》り瀕《ひん》死《し》の病人《びょうにん》はもとより、中々《なかなか》普通《ふつう》の病気《びょうき》も治《なお》りません。私《わたくし》は四人《にん》も医者《いしゃ》から見放《みはな》された方《かた》を治《なお》していますが、皆本当《みなほんとう》に心から縋《すが》って来られる方《かた》のみです。この病気が治《なお》ったらあの訴訟《そしょう》に勝ってやろうとか、身体《からだ》の具合《ぐあい》が悪い時のみ治《なお》して下《くだ》さい、治《なお》ったら神を信じますという人《ひと》は治《なお》っていません。その考えのために亡《な》くなった方《かた》もあります。神をためす者《もの》こそ、自業自得《じごうじとく》の苦しみを嘗《な》めています。誠《まこと》こそ神の国《くに》へ導《みちび》く鍵《かぎ》です。病気を治《なお》してもらえれば好《よ》いといって、こちらの都合《つごう》も考えず、こちらの時間《じかん》を平気《へいき》で使って、時間は生命《せいめい》ですから、こちらの時間を殺すことは、こちらを殺しているのです。こちらの生命《いのち》を殺しながらその為《ため》に行《い》ってあげた乗物代《のりものだい》までも払《はら》わせるような利己的《りこてき》な人は、いつまで経《た》っても、苦悩《くのう》から開放《かいほう》されないのであります。身《み》

自業自得　自らの行いの報いを、自らの身にうけること

身を捨ててこそ浮ぶ瀬もあれ　一身を犠牲にする覚悟があって初めて活路を見出して物事を成し遂げることができることのたとえ

を捨《す》ててこそ浮《うか》ぶ瀬《せ》もあれ、本当《ほんとう》に自他一体《じたいったい》に誠《まこと》を捧《ささ》げる心こそ大切《たいせつ》でありますﾞ」と熱心《ねっしん》な語調《ごちょう》であった。

仮性近視治る《かせいきんしなお》

河村久子夫人《かわむらひさこふじん》は次《つぎ》の如《ごと》く谷口先生《たにぐちせんせい》に話した。呉市《くれし》に住んでいる、十七歳《さい》になる弟さんが、昭和《しょうわ》八年《ねん》十二月《がつ》より肋膜《ろくまく》になり、学校《がっこう》を中止《ちゅうし》し、入院《にゅういん》、医《い》者《しゃ》、薬《くすり》と一年七ヵ月も病床《びょうしょう》にあり、絶対安静《ぜったいあんせい》、労働《ろうどう》は一生涯《いっしょうがい》駄目《だめ》、勉強《べんきょう》は二、三年全《まった》くなすことならぬと医者から注意《ちゅうい》され、自分《じぶん》も一家《いっか》もそう信じて悲観《ひかん》の極《きょく》にあった。

その時《とき》『生命《せいめい》の實相《じっそう》』を知り、ぐんぐん惹《ひ》きつけられ、病気《びょうき》いよいよ癒《い》えて元気《げんき》になり、この夏は江《え》の島《しま》にて一日《にち》二里位《りくらい》泳いで、周囲《しゅうい》の人《ひと》を驚《おどろ》かせた。そして、九月からは元気に通学《つうがく》を始めたのであった。

語調　話す時の言葉の調子

頭注版㉞一八八頁

仮性近視　目を近づけて長時間本を読んだり、細かな作業をしたりして、一時的に近視のようになる状態

絶対安静　病気や怪我の重い人を、寝たままの姿勢で動かさず、外部からの刺激を避けて平静な状態を保たせる治療法

江の島　神奈川県藤沢市に属する相模湾北東部の島。「江」の字に似た地形が名前の由来とされる

二里　約八キロメートル

また今年《ことし》尋常《じんじょう》六年生《ねんせい》になるお嬢《じょう》さんは、河村百合子《かわむらゆりこ》さんといって、中《なか》野《の》区《く》谷戸《やと》小学校《しょうがっこう》に通学《つうがく》しているのである。百合子さんは左が〇・一、右が〇・二という仮性近視《かせいきんし》であったが、お母さんと共《とも》に『生命《せいめい》の實相《じっそう》』を読んでいる中《うち》に、実相《じっそう》の自分《じぶん》はこのまま完全《かんぜん》であって眼鏡《めがね》のお世話《せわ》になる必要《ひつよう》もないと考えられるようになり、いつしか「うるさいから眼鏡《めがね》を除《と》るわ」といって眼鏡《めがね》を外《はず》して全治《ぜんち》した。すると校医《こうい》がその後《ご》の体格検査《たいかくけんさ》に検眼《けんがん》して驚《おどろ》いたという。

河村夫人《かわむらふじん》は又《また》必要な時《とき》に必要な物《もの》の与えられた体験《たいけん》を話された。

腸狭窄症治《ちょうきょうさくしょうなお》る

松下喜久恵《まつしたきくえ》さんはお母さんと一緒《いっしょ》に見えて、次の如《ごと》き感謝《かんしゃ》を母娘《おやこ》ともに涙《なみだ》ながらのうれしさに話されるのだった。先《ま》ずお母さんが九月二十六日《が》夕《にちゆう》、喜《き》

谷戸小学校 昭和三年開校の現在の中野区立谷戸小学校

頭注版㉞一八九頁

腸狭窄症 腸管腔が狭くなって物を通しにくくなる症状。大腸癌・腸結核・腸癒着などによって起こる

久恵《くえ》さんが帝大《ていだい》の外科《げか》にて腸狭窄《ちょうきょうさく》にて三回手術《かいしゅじゅつ》し、退院後間《たいいんごま》もなく手術《しゅじゅつ》前《ぜん》の状態《じょうたい》で苦しむので、胃癌《いがん》の懸念《けねん》あり、衰弱《すいじゃく》はげしく、手術不能《しゅじゅつふのう》で、医《い》者《しゃ》よりもう駄目《だめ》ですと言われたことから、この話は始《はじ》まるのだった。

九月《がつ》二十七日《にち》朝は松下《まつした》さんのお宅《たく》は家中失望《いえじゅうしつぼう》のどん底《ぞこ》にいたのだ。喜久《きく》恵《え》さんは死ぬことはおそろしくも、怖《こわ》くもないが、ただそのことがお母さんを苦しめるので、しのびないと言っていた。それが長い間自分《あいだじぶん》のことについて苦しんで来た母への親愛《しんあい》であり、そう執《とら》われることが病気《びょうき》の原因《げんいん》にもなっていたのであろう。とにかく死の時期《じき》を待つほか仕方《しかた》がなかった。張《は》り切《き》って銀光《ぎんびか》りになっているお腹《なか》はガスの走る毎《ごと》に波を打って激《はげ》しく動き、食べた物《もの》は下《した》へ出ず、ただ上《うえ》へ糞臭《ふんしゅう》ある黒嘔吐《くろへど》を吐《は》くのみで、全《まった》く暗黒《あんこく》が一家《いっか》を包《つつ》んでいた。

この時《とき》、お母さんが知人《ちじん》より「生長《せいちょう》の家《いえ》」のパンフレットを頂《いただ》き、それを読んで真理《しんり》の言葉に心を打たれた。終《つい》に一家中《いっかじゅう》の残らずに『生命《せいめい》の實相《じっそう》』

銀光り　銀色に光ること

全集《ぜんしゅう》を持たせて読むようにした。

するとと不思議《ふしぎ》にも、喜久恵《きくえ》さんが元気《げんき》になり、自分《じぶん》で歩けるようになった。家人《かじん》も女中《じょちゅう》もただ驚《おどろ》くのであった。「人《ひと》に頼《たよ》る心世話《せわ》をかける心が悪いのだ。自分の中《なか》に神がある、生きる力《ちから》がある」と思うと、喜久恵《きくえ》さんは用便《ようべん》のことも自分で出来《でき》るようにまでなって来た。しかしながら吐《は》くのは一日《にち》十数回《すうかい》が三回位《かいくらい》に減《げん》じたが、まだ全《まった》く止《や》む迄《まで》には到《いた》らなかった。お母さんは、よろこびつつもまだ心配《しんぱい》で、そのことを谷口先生《たにぐちせんせい》にお伺《うかが》いに来たのは二、三日前《にちまえ》のことだ。先生《せんせい》は「善《ぜん》につけ、悪《あく》につけ、執《とら》れるのがいけない。ただすべてを有難《ありがた》いと感謝《かんしゃ》する心になりなさい。有《あ》りがたいものを有《あ》りがたくないと、頑固《がんこ》に通《とお》さぬ心が腸狭窄《ちょうきょうさく》の因《もと》であるから、何《なん》でも人々《ひとびと》に素直《すなお》に感謝して通す心になんなさい」といって下《くだ》さった。

喜久恵《きくえ》さんがお母さんからこのことを伝えられて、感謝ということが心に沁《し》み込《こ》むようになると、最初茶黒色《さいしょちゃこくしょく》の物《もの》を吐いていたのが、それが黄色《きいろ》に変《かわ》り大便《だいべん》そっくりのものが出るようになった。その翌日《よくじつ》は夜となく昼となく、お腹《なか》から大きな音が出て、通《つう》じも下《した》から出るようになったのだ。そして食事《しょくじ》も完全《かんぜん》に頂《いただ》けるようになり、もうとても駄目《だめ》だと自他共《じたとも》にあきらめた病人《びょうにん》が、自分《じぶん》で『生命《せいめい》の實相《じっそう》』を心から読むようになって、完全《かんぜん》に治《なお》って来た。一家《いっか》の者《もの》は夢《ゆめ》のようであり、また病気《びょうき》は無《な》い、ただ心の現《あらわ》れであると実際《じっさい》に解《わか》って来た。母娘《おやこ》ともにありがたくて、一人《ひとり》でも多くの人《ひと》にこの実相《じっそう》を知らせ申《もう》すことが、ただ一《ひと》つの御恩報《ごおんほう》じと思わせて頂いて、懸命《けんめい》していますと、心から感謝《かんしゃ》を陳《の》べるのであった。

高血圧《こうけつあつ》・胃病《いびょう》・頑癬《たむし》治《なお》る

富士川《ふじかわ》さんは今迄《いままで》いろいろと魂《たましい》の救《すく》われることを願《ねが》い、キリスト教《きょう》を八年間《ねんかん》も熱心《ねっしん》に信じて来たけれども、仏教《ぶっきょう》とキリスト教の争《あらそ》いを見るにつ

懸命する　命がけのような勢いで物事をすること

頭注版㉞一九一頁

頑癬　白癬菌によって起こる皮膚疾患

キリスト教　世界三大宗教の一つ。ユダヤ教を母体としてパレスチナに興る。唯一絶対の神を奉じ、現在に至るまで欧米文化の基盤をなしている。イエス・キリストが始祖

け、ほとほとキリスト教《きょう》も安住《あんじゅう》の地《ち》とならないと止《や》めてしまった。そして何《なに》かこの世《よ》に争《あらそ》いのない好《よ》い教《おし》えが出てこないかと常《つね》に注意《ちゅうい》をしていた。

ところが、今年《ことし》の二月中旬《がっちゅうじゅん》になって『生命《せいめい》の實相《じっそう》』の新聞広告《しんぶんこうこく》を見て、病気《びょうき》の治《なお》ることが載《の》っているので不審《ふしん》に思い、最初《さいしょ》はインチキかも知れぬと思った。その後見本《ごみほん》をとり寄《よ》せて御覧《ごらん》になりこの信念《しんねん》になったらこの血圧《けつあつ》の高い心配《しんぱい》も治《なお》るのであろうとは思ったが、しかしまた、うっかり本を買って、引っかかってもいけないと思った。そして支部《しぶ》の坪内《つぼうち》さんを訪《たず》ね「生《せい》長《ちょう》の家《いえ》」の話をきかれてからいよいよ心が動き、その日軍人会館《ひぐんじんかいかん》に講演会《こうえんかい》のあることを聞き、雪を冒《おか》してまでも谷口先生《たにぐちせんせい》の講演《こうえん》を聴《き》きに行《ゆ》かれたのだった。講演を聴いて感心《かんしん》し、いよいよ『生命《せいめい》の實相《じっそう》』を読んでみる気になり、読むと信念が強まって、恐怖心《きょうふしん》がなくなる、と血圧も下《さが》り、胃病《いびょう》もいつの間《ま》にか治《なお》ってしまった。多くの慢性病《まんせいびょう》が治《なお》らぬのは恐怖心のために、常《つね》にその病気を「心」に描《えが》いて放《はな》たぬから、想念《そうねん》の具象化《ぐしょうか》として治《なお》らぬのである。

安住　安心して満足して暮らすこと

恐怖心《きょうふしん》が起《おこ》るときには血管《けっかん》が収縮《しゅうしゅく》するから狭《せま》くなった血管を無理《むり》に血液《けつえき》を通過《つうか》せしめようとして心臓《しんぞう》が努力《どりょく》するから、血圧昂進症《けつあつこうしんしょう》は恐怖心のある間《あいだ》は治《なお》らぬのである。この富士川《ふじかわ》さんは今《いま》までひどい頑癬《たむし》で百六十日間《にちかん》も困《こま》りぬいていた。随分《ずいぶん》苦しまれて、歯をくい縛《しば》っては、お役所《やくしょ》の机《つくえ》を摑《つか》んで我慢《がまん》をするのだそうで、側《そば》で見ていられない程《ほど》であった。それが神想観《しんそうかん》をすると、一分《ぷん》二分《ふん》三分と経《た》つにつれ痒《かゆ》さが散《ち》るのだった。二、三日神想観《にちしんそうかん》を続けて修《しゅう》していると、すっかり治《なお》ってしまった。また胃病《いびょう》もいつの間《ま》にやら治《なお》っていた。この話を静かに聴《き》いていられた谷口先生《たにぐちせんせい》は、「痒《かゆ》いのは心が痒《かゆ》いのです。心の痒《かゆ》さがなくなった時《とき》、肉体《にくたい》の痒《かゆ》さが消えるのです」と被仰《おっしゃ》った。「皮膚《ひふ》は外界《がいかい》との接触《せっしょく》するところだから他《た》と接触して、不快《ふかい》な感情《かんじょう》をもつようにしていると治《なお》らぬのだが、あんたの心が柔《やわら》かく人《ひと》と温《あたた》かに接触する気になったから治《なお》ったのですよ。」

血圧昂進症　血圧が持続的に異常に高い状態。高血圧症

『甘露《かんろ》の法雨《ほうう》』の功徳《くどく》

谷口先生御上京《たにぐちせんせいごじょうきょう》以来《いらい》、ほとんど一日《にち》も欠かさずに先生《せんせい》のお傍《そば》で黙々《もくもく》として大存在《だいそんざい》を示していられる辻村楠造翁《つじむらくすぞうおう》は、次のように今朝《けさ》は語られるのであった。

「私《わたくし》の知合《しりあい》に女学生《じょがくせい》がありまして、毎月月経時《まいつきげっけいじ》になると癲癇《てんかん》の発作《ほっさ》を起《おこ》していました。私《わたくし》が生長《せいちょう》の家《いえ》を知るようになってから、毎朝祖先《まいあさそせん》の霊《れい》に対《むか》って、『甘露《かんろ》の法雨《ほうう》』全篇《ぜんぺん》を誦《あ》げるようになりました。するとこの難治《なんち》といわれているその娘《むすめ》の癲癇《てんかん》が治《なお》ったのです。そこでいよいよ確信《かくしん》を得《え》ましたので、尚《なお》も祖先の霊《れい》の悟《さと》りに精進致《しょうじんいた》しました。ところが一昨々日《いっさくさくじつ》、その娘に外出《がいしゅつ》せねばならぬ用事《ようじ》が起《おこ》りました。多少心配《たしょうしんぱい》ではありましたが、一人《ひとり》でやりましたところ何《なん》のこともなく帰って参《まい》りました。家中《うちじゅう》ありがたく感謝《かんしゃ》

頭注版㉞一九二頁

谷口先生御上京 昭和九年八月に著者一家が生長の家発祥の地である神戸より東京に移転したことを指す。本全集第五十四巻「道場篇」四八頁等参照

辻村楠造翁 文久二～昭和二十七年。陸軍主計総監。宗教結社「教化団体生長の家」初代理事長。日露戦争時、遼東守備軍の経理部長として満洲に渡り、満洲経営体制の確立に尽力した。退役後、思想界、宗教界で精力的に活動した

難治 治りにくいこと

一昨々日 三日前。さきおととい

致《いた》しています。大真理《だいしんり》のおかげをうけて感謝《かんしゃ》しています。」

辻村翁《つじむらおう》の話は、語《かた》り手《て》が語り手だけに静かに満場《まんじょう》を打ったようであった。

十九年間《ねんかん》の神経痛《しんけいつう》治《なお》る

奈良県《ならけん》の北葛城郡《きたかつらぎぐん》志都美村《しづみむら》畠田《はただ》という所《ところ》に郵便局長《ゆうびんきょくちょう》をしていられる池田《いけだ》與一《よいち》さんといわれる好々爺《こうこうや》がある。十九年間白金懐炉《はっきんかいろ》で始終《しじゅう》腰《こし》を温《あたた》めていなければならなかった神経痛が『生命《せいめい》の實相《じっそう》』を読んで四日目《よっかめ》に治《なお》ってしまった。池田さんが今《いま》、眼《ま》のあたり体験談《たいけんだん》をせられるのである。

「私《わたくし》は阪大《はんだい》の和田博士《わだはくし》をはじめ諸方《しょほう》の医者《いしゃ》に診《み》てもらいましたが、この神経痛は脊髄癆《せきずいろう》から起《おこ》るのだから治《なお》らぬというのです。ところが、私《わたくし》は囲碁《いご》が好きなものですから、或日《あるひ》碁《ご》を打ちに行《ゆ》きまして、夢中《むちゅう》になっているとその間《あいだ》は痛《いた》みを忘れる。それで友達《ともだち》に向《むか》って『私《わたくし》は碁《ご》を打っている間《あいだ》は脊《せき》

頭注版㉞一九三頁

好々爺　人のいいおじいさん

白金懐炉　金属製の容器の中でベンジンなどの燃料と触媒の白金との化学反応によって熱を発する懐炉。商標名であるが、同様の仕組みの懐炉全般もこの名で呼ばれる

眼のあたり　目の前でじかに見ること

阪大　明治十三年、大阪府立大阪医学校として設立され、大正八年に大阪医科大学、昭和六年に大阪帝国大学となる。現在の大阪大学医学部

髄癆《ずいろう》の全身《ぜんしん》の痛《いた》みも喘息《ぜんそく》も忘れるので、こうして打ちに来る』と話すと『それではこの本を読んでみよ、きっと好《よ》いから』というので『生命《せいめい》の實相《じっそう》』を拝見《はいけん》しまして、『ああそうだ天地《てんち》一切《いっさい》のものに感謝《かんしゃ》しよう』という気になって、家族《かぞく》にも、知人《ちじん》にも、すべてのものに感謝してから床《とこ》につきますと、その夜《よ》からぐっすり眠《ねむ》れるようになり、痛みがほとんどなくなりました。

四日目《よっかめ》には隣村《りんそん》の村会《そんかい》へ出席《しゅっせき》した。大雨《おおあめ》になって自動車《じどうしゃ》がどうしても来《こ》ぬ。村役場《むらやくば》の自転車《じてんしゃ》を借《か》りて三十町《ちょう》ばかりスッ飛んで帰って来ると家《うち》の者《もの》が驚《おどろ》いた。『爺《じい》さんどうしたのです』という。『どうもこうもない、もう治《なお》った。』翌日《よくじつ》、自転車に乗って返《かえ》しに行《ゆ》くと、今度《こんど》は村役場の者《もの》が『君《きみ》どうした。いつも自転車でフーフーやっとるが』『いやもう治《なお》った、本を読んで治《なお》った』、『フーム、それにしてもあんたが自転車に乗ったのは生《う》れて初《はじ》めて見た』というわけ。病《やまい》で乗れなくなってから二十年《ねん》も経《た》っているので、この男は私《わたくし》が自転車に乗る事《こと》などちょっとも知らなかったのでした。こうして

三十町　約三・二七キロメートル。一町は約一〇九メートル

身体《からだ》の目方《めかた》も十二貫《かん》二百から十五貫五百になりました。以前《いぜん》には、雨の降《ふ》る前《まえ》には二日前《ふつかまえ》から身体《からだ》が非常《ひじょう》に疼《いた》んで、雨天《うてん》の予報《よほう》が出来《でき》る程《ほど》でありましたが、もう雨天も曇天《どんてん》も私《わたくし》の神経痛《しんけいつう》を起《おこ》さぬようになりました。」こう池田《いけだ》さんは御礼《おれい》を述《の》べるのだった。

痛《いた》くない所《ところ》に礼《れい》をいえ

「七十一歳《さい》になります家内《かない》が五年程前《ねんほどまえ》自動車《じどうしゃ》に衝突《しょうとつ》して肋骨《ろっこつ》を一本《ぽん》折《お》りました。それが足へ来て痛み、耳が遠くなり、寒くなると痛んで来ます。」

「痛みはないのですよ！」と谷口先生《たにぐちせんせい》の答えはハッキリしている。しかし老《ろう》人《じん》は「そういいきかすのですが、やはり痛がりますので」と痛みに執著《しゅうじゃく》しているのだ。

「痛むなら痛いと思っても宜《よろ》しい。しかし、痛くない所に御礼申《おれいもう》すよう伝え

目方　秤(はかり)で量った重さ

十二貫二百　十二貫二百匁(もんめ)。約四六キログラム

十五貫五百　十五貫五百匁(もんめ)。約五八キログラム

頭注版㉞一九五頁

肋骨　胸から左右の脇へ連なり胸郭を形成して内臓を保護する骨。左右十二対で計二十四本。あばらぼね

なさい」と谷口先生《たにぐちせんせい》はいよいよ単刀直入《たんとうちょくにゅう》の答えである。アトは微笑《びしょう》で「そうすれば痛《いた》いところもお礼《れい》いってもらいたくなって治《なお》りますよ。」

感謝《かんしゃ》の心は生かす心である。平易《へいい》に説《と》かれるお言葉であるが、さすがに味《あじ》わいの深い真言《しんごん》である。「だけども」とその老人《ろうじん》はいう。

「だけども……？ それがあなたの痛む心だ。痛みというものは『我《が》』の傷《きず》つけられた思いが肉体《にくたい》にあらわれるのだ。『我《が》』をなくして、すべての人々《ひとびと》に感謝して何《なん》でも素直《すなお》に『ありがとうございます』と周囲《しゅうい》と調和《ちょうわ》するようになされば治《なお》るのだ。衝突《しょうとつ》する心が自動車《じどうしゃ》と衝突したのですよ」と先生《せんせい》はいわれた。

「お山」最後《さいご》の面会日《めんかいび》

その日《ひ》は谷口先生御宅《たにぐちせんせいおたく》での最後の面会指導日《めんかいしどうび》であるので、小金井《こがねい》におられ

単刀直入 一人で刀を持って敵に斬り込む意より、前置きや遠回しな表現をせず、ただちに要点に入ること

平易 難解な言葉を使わず、理解しやすいこと

真言 真理の言葉。仏の真実の言葉

頭注版㉞一九六頁

る誌友《しゆう》の一人《ひとり》が起《た》って感想談《かんそうだん》を述《の》べられる。

「私《わたくし》が初《はじ》めてお山に上《あが》らせて頂《いただ》きましたのは、五月も風薫《かぜかお》る頃《ころ》で、お山の門を入《はい》りますと神々《こうごう》しい、茂《しげ》った樹木《じゅもく》、庭《にわ》の趣《おもむき》深《ふか》い風致《ふうち》、それに似《に》つかわしいお玄関《げんかん》、しかも先生《せんせい》の崇高《すうこう》な御慈愛《ごじあい》深《ふか》いお顔《かお》、平明流暢《へいめいりゅうちょう》にお説《と》きして下《くだ》さるお言葉、私《わたくし》は唯《ただ》もう有難《ありがた》い、何《なん》ともいわれぬ気持《きもち》に心打たれて観音菩薩《かんのんぼさつ》の化身《けしん》のように思われるお姿《すがた》を拝《おが》まして戴《いただ》いて参《まい》りました。いつも一定《いってい》の座《ざ》について温顔《おんがん》を湛《たた》えていらっしゃる辻村閣下《つじむらかっか》、明朗潤達《めいろうかったつ》なる先達《せんだち》野村《のむら》氏《し》や春風駘蕩《しゅんぷうたいとう》の中《なか》に熱心《ねっしん》に聴《き》き入《い》る修行者《しゅぎょうしゃ》の様子《ようす》、厳粛《げんしゅく》の中《なか》に生命《せいめい》の躍動《やくどう》する神想観《しんそうかん》。私《わたくし》は三十年来未《ねんらいいま》だかつてない感激《かんげき》を覚え精神的《せいしんてき》にも肉体的《にくたいてき》にも限《かぎ》りもない御恵《おめぐ》みを頂き、唯今《ただいま》では悩《なや》みも雲散霧消《うんさんむしょう》致《いた》しまして毎日《まいにち》楽しく天《てん》に歓《よろこ》び、地《ち》に歓《よろこ》び、感謝《かんしゃ》の日々《にちにち》を過《す》ごさせて頂けるようになったのであります。

私《わたくし》は三十年ばかり熊本県《くまもとけん》で小学校長《しょうがっこうちょう》を奉職《ほうしょく》しております時《とき》、肉体的にも神経痛《しんけいつう》を患《わずら》い、精神的には二十七、八歳頃《さいごろ》からどうも頑迷固陋《がんめいころう》で人生《じんせい》の判《わか》ら

風致　自然の風景などの趣や味わい

観音菩薩　本書九四頁の「観音様」に同じ

化身　人々を教化救済するために人の姿となって現れた仏

潤達　度量が大きくこだわらないさま

先達　人より先にその道を深く極め、他を導く人

春風駘蕩　ゆったりとのんびりとしていて温和なさま

雲散霧消　雲が散って霧が消えるように、あとかたもなく消えうせること

頑迷固陋　頑固で見識がせまいために古い習慣に固執するさま

ないのに苦しみました。『孟子《もうし》』の『富貴《ふうき》も淫《いん》す能《あた》わず、貧賤《ひんせん》もうつす能《あた》わざる』本来自由《ほんらいじゆう》の境地《きょうち》、白隠禅師《はくいんぜんじ》の『坐禅和讃《ざぜんわさん》』に『衆生本来仏《しゅじょうほんらいほとけ》なり、水と氷《こおり》の如《ごと》くにて、水を離《はな》れて氷なく衆生《しゅじょう》の外《ほか》に仏《ほとけ》なし。辱《かたじけな》くも此《こ》の法《ほう》を一《ひと》度《たび》耳に聞く者《もの》は、福《ふく》を得《う》る事限《ことかぎ》りなし、……無相《むそう》の相《そう》を相《そう》として往《ゆ》くも還《かえ》るも外所《よそ》ならず、無念《むねん》の念《ねん》を念《ねん》として、謳《うた》うも舞《ま》うも法《のり》の声《こえ》。三昧無碍《さんまいむげ》の空《そら》広く四智円妙《しちえんみょう》の月冴《つきさ》えて、……寂滅現前《じゃくめつげんぜん》する故《ゆえ》に当所即《とうしょすなわ》ち蓮華国《れんげこく》、此《こ》の身即《みすなわ》ち仏《ほとけ》なり』とあります。こうした境地にはどうしても到《いた》りつく事《こと》が出来《でき》ないと思ったのでしたが、こうした境地には何《なん》としても届《とど》く事が出来なかった。だが、私《わたくし》は何《なん》としてもそうした悟《さと》りに入《い》りたいと思って最《もっと》も判《わか》り易《やす》いといわれる浄土真宗《じょうどしんしゅう》の門を五、六年前《ねんぜん》に叩《たた》いた事がありましたがどうしても暗い闇路《やみじ》から脱《だっ》する事が出来なかったのでした。本年《ほんねん》の四月《がつ》も終《おわ》りに近い頃《ころ》『生長《せいちょう》の家《いえ》』の三月号《がつごう》を頂《いただ》き、五月三日《がつみっか》から参《まい》らせていただいたのであります。実《じつ》にこの聖地《せいち》、このお山に於《おい》て先生《せんせい》にお救《すく》いして頂いたのでございます

『孟子』 「四書五経」の一つ。孔子の思想を学んだ孟子の言行を伝える

「富貴も…」 『孟子』滕文公(とうのぶんこう)篇下にある言葉。財産や地位も志を惑わせることができず、貧しく卑しい苦しみも志を変えさせることはできない

白隠禅師 貞享二～明和五年。臨済宗中興の祖。明治十七年に明治天皇より正宗国師の諡号を賜った

『坐禅和讃』 白隠禅師著。宝暦十年刊。禅家で広く唱えられる和讃。「和讃」は仏や菩薩の徳や教え、高僧の行跡などを和語で讃えた詩

三昧無碍 心を統一してさまたげのないさま

四智円妙 四智円明。仏の四つの智慧が備わった時のすがすがしい心境。大円鏡智、平等性智、妙観察智、成所作智

から、何《なん》とも有難《ありがた》くて言葉もありません。」誌友《しゆう》は涙《なみだ》と共《とも》に語《ことば》を止《と》めた。一《いち》座《ざ》はシンと静まって皆合掌《みながっしょう》の心して傾聴《けいちょう》していた。

十一時《じ》になると、お山の御指導《ごしどう》は千秋楽《せんしゅうらく》というので野村氏《のむらし》起《た》って挨拶《あいさつ》され、谷口先生奥様《たにぐちせんせいおくさま》を始め参会者一同《さんかいしゃいちどう》に美味《おい》しい夫婦饅頭《ふうふまんじゅう》が出《で》、皆嬉々《みなきき》として頬張《ほおば》る。やがて「生長《せいちょう》の家《いえ》」の旗《はた》を振《ふ》りながらお山の庭々《にわにわ》を列《れつ》をなして廻《まわ》りに廻《まわ》る。秋田氏《あきたし》等の映写機《えいしゃき》に収《おさ》まりながらお門を出た一行《いっこう》百五十名ばかりは、野村氏の露払《つゆばらい》で先生御夫妻《せんせいごふさい》に続いて明治神宮《めいじじんぐう》に参拝《さんぱい》する。蜒々《えんえん》と長い行列《ぎょうれつ》を作りながら、神の子が神の森に入《はい》る。神前《しんぜん》に整列《せいれつ》して礼拝《らいはい》すれば谷口先生の天津祝詞《あまつのりと》「高天原《たかあまはら》に神《かみ》つまります……」と澄《す》んでさびのあるお声《こえ》に一同唯清浄《いちどうただせいじょう》の神域《しんいき》に襟《えり》を正《ただ》す。秋天《しゅうてん》高く日麗《ひうらら》かに、宮居《みやい》の軒下《のきした》の菊《きく》の香《か》も聖寿無窮《せいじゅむきゅう》を讃《たた》えるかのように高く高く匂《にお》っているのだった。

寂滅　煩悩を離れ去った悟りの状態
千秋楽　能楽・芝居・相撲などの興行期間最後の日の意より、物事の最後
秋田氏　秋田重季子爵。明治十九～昭和三十三年。貴族院議員。熱心な生長の家信徒で布教活動に尽力した
露払　行列などで貴人の先導をすること
明治神宮　明治天皇と昭憲皇太后を御祭神とする神社。大正九年十一月に現在の東京都渋谷区代々木に鎮座した
天津祝詞　みそぎはらいの祝詞の別称。「祝詞」は神道で神に捧げる言葉。「天津」はその美称
さび　低く渋みのある声の質
聖寿無窮　天子の寿命がきわまりないこと。日本の国柄が永遠であること

慢性《まんせい》脚気《かっけ》快癒《かいゆ》

先日《せんじつ》熊本《くまもと》から来られたM氏《し》は十七年来《ねんらい》の脚気《かっけ》に悩《なや》んでいた。脚《あし》の不自由《ふじゆう》は固《もと》より、屢々《しばしば》激《はげ》しい腰痛《ようつう》と疲労《ひろう》、執拗《しつよう》な痔疾《じしつ》が伴《ともな》った。最初《さいしょ》医師《いし》に依《よ》れば、一方《いっぽう》の脚《あし》は二年だけ保証《ほしょう》する、他《た》の方《ほう》は躓《つまず》く程度《ていど》の軽い障《さわ》りにも全然駄目《ぜんぜんだめ》になろうとのことであった。そのとき同氏《どうし》は「第《だい》一、人間《にんげん》の生命《いのち》さえあてにならぬのに、脚《あし》だけをあてにするのはこれは間違《まちがい》だった。私《わたくし》には生命《いのち》だけあって、脚《あし》は、これはいわば余《あま》りものなのだ。今後《こんご》は一切脚《いっさいあし》はあてにしない。脚《あし》のことは気にかけない」こう思い決めたのであった。——爾来《じらい》十五年《ねん》、とにかく歩行《ほこう》は出来《でき》るが、疲労が深い。出入《でいり》はすべて車。近距離《きんきょり》にしても、全然歩行の勇気《ゆうき》が出ないのであった。最近《さいきん》『生命《せいめい》の實相《じっそう》』を読み、数行《すうぎょう》にして頭《あたま》へ「ピシリ！」と閃《ひらめ》き入《い》って来るものがあって、これこそ真《しん》に万人《ばんにん》をうつ

頭注版㉞一九八頁

痔疾　肛門およびその周辺部分の病気の総称

真理《しんり》だと感得《かんとく》したのであった。偶々《たまたま》、氏《し》は業務上《ぎょうむじょう》の余暇《よか》があったので、天《てん》の与えとして朝夕《あさゆう》に神想観《しんそうかん》を実修《じっしゅう》、『生命《せいめい》の實相《じっそう》』を全部《ぜんぶ》読了《とくりょう》。毎年《まいねん》二、三回上京《かいじょうきょう》するところから、この機《き》に是非《ぜひ》谷口先生《たにぐちせんせい》に就《つ》き親しく修行《しゅぎょう》しようとて、数日前《すうじつぜん》から本部《ほんぶ》へ見えたのである。一日《にち》は一日と滾々《こんこん》と勇気《ゆうき》が出て、不《ふ》図気附《ときづ》けば、永年《ながねん》の痔疾《じしつ》もいつか消えていた。昨日《きのう》は足に委《まか》せて、東京都《とうきょうと》内《ない》を四時間《じかん》ぶっ通《とお》しに歩き、汗塗《あせまみ》れになって帰宿《きしゅく》したのであったが、今《いま》は些《いささ》かの疲労《ひろう》も苦痛《くつう》も無《な》いとの述懐《じゅっかい》であった。また、一切《いっさい》の信仰上《しんこうじょう》の疑問《ぎもん》も釈《しゃく》然《ぜん》とせられ、いよいよ朗々《ろうろう》たる心境《しんきょう》に入《はい》ったという。氏は『生命《せいめい》の實相《じっそう》』を読むと共《とも》に今回《こんかい》の上京以前《いぜん》、既《すで》に家庭《かてい》に豊《ゆた》かな調和円満《ちょうわえんまん》を恵《めぐ》まれた。例《たと》えば某大学在学中《ぼうだいがくざいがくちゅう》の、何事《なにごと》にも常《つね》に理窟《りくつ》を先立《さきだ》たせる次男《じなん》の方《かた》さえ、家族《かぞく》諸共《もろとも》、熱心《ねっしん》に上京修行《じょうきょうしゅぎょう》を勧《すす》めてくれた程《ほど》であった。最後《さいご》に同氏《どうし》は「ここで、私《わたくし》はもう少し滞在修行《たいざいしゅぎょう》したい。がまた一面《いちめん》、一刻《いっこく》も帰国《きこく》を急ぎ、この喜《よろこ》び、谷口先生のことなど語り、家族を喜ばしたい心で一杯《いっぱい》である。今夕夜《こんせきや》

感得　真理などを感じて悟ること

些か　ほんの少し。わずか

述懐　心の中の思いを述べること

朗々たる　明るく朗らかなさま

行《こう》、帰国《きこく》に決《けっ》し、お礼《れい》の挨拶《あいさつ》に伺《うかが》った次第《しだい》でございます」と先生《せんせい》に、言々溢《げんげんあふ》るる感謝《かんしゃ》と誠心《せいしん》を披瀝《ひれき》したのであった。脚《あし》の不自由《ふじゆう》、腰《こし》の不自由は頑固《がんこ》な心の表現《ひょうげん》であり、痔疾《じしつ》は家庭《かてい》その他《た》の不調和《ふちょうわ》から「居《い》づらい」(臀《い》づらい)思いをする心の象徴《しょうちょう》なのであるから、その心持《こころもち》が浄《きよ》まったときに、それらの症状《しょうじょう》が消えてしまったのであった。

腎臓炎《じんぞうえん》・肋膜炎快癒《ろくまくえんかいゆ》

佐々木夫人《ささきふじん》は数月前《すうげつぜん》から誌友《しゆう》となって、熱心《ねっしん》に聖典《せいてん》の読誦《とくじゅ》に励《はげ》んでいた。更《さら》にその数月前《すうげつぜん》、その妹の方《かた》が長野県《ながのけん》の方《ほう》に嫁《とつ》いでいたのであったが、不図《ふと》、腎臓炎と肋膜炎とを患《わずら》い、婚家先《こんかさき》から同夫人《どうふじん》の許《もと》(東京)へ帰り保養《ほよう》していた。そして『生命《せいめい》の實相《じっそう》』殊《こと》に『甘露《かんろ》の法雨《ほうう》』の心静《こころしず》かな読誦《とくじゅ》の日を送るうち、心境一変《しんきょういっぺん》、良人《おっと》及び舅姑《しゅうとめ》に対《たい》する反感《はんかん》が消えてしまい、自分《じぶん》の我《わが》

言々　一語一語

誠心　偽りのないまことの心

臀づらい　「臀」は尻。尻が病んでつらい

頭注版㉞二〇〇頁

保養　身体を休ませて健康を養うこと

儘《まま》を「すみません」と詫《わ》びる気持《きもち》になった結果《けっか》、竟《つい》に全《まった》く本来《ほんらい》の健康体《けんこうたい》に還《かえ》って、夫人同伴《ふじんどうはん》、谷口先生《たにぐちせんせい》へ涙《なみだ》の謝辞《しゃじ》を述《の》べたのであった。腎臓及《じんぞうおよ》び肋膜《ろくまく》は左右《さゆう》にあり、陰陽《いんよう》の象徴《しょうちょう》であるから、結婚《けっこん》に関《かん》しての家庭《かてい》の不調和《ふちょうわ》が原因《げんいん》になって起《おこ》るのである。それが、詫《わ》びる気持《きもち》になって、不調和に争《あらそ》う心を捨《す》てたから治《なお》ったのである。なお、その従兄《いとこ》にて六、七年来《ねんらい》の肺結核《はいけっかく》に悩《なや》まれている方《かた》がある。夫人は日頃《ひごろ》の疎遠《そえん》を排《はい》して、書簡《しょかん》と共《とも》に生長《せいちょう》の家叢書《いえそうしょ》を送って、ほとんど死に近い状態《じょうたい》と聞きつつ、熱心《ねっしん》に誌友《しゆう》となることを勧《すす》めたという。持参《じさん》せられた同氏《どうし》からの返書《へんしょ》は切々《せつせつ》たる感動《かんどう》の言葉に溢《あふ》れていた。

慢性中耳炎快癒《まんせいちゅうじえんかいゆ》し、学童《がくどう》の成績上《せいせきあ》がる

鈴木氏《すずきし》は或《あ》る日述懐《ひじゅっかい》した。「私《わたくし》の子供《こども》、小学校《しょうがっこう》に通《かよ》っているのが一年以《ねんい》

竟に　とうとう

謝辞　感謝のことば

陰陽　男と女、火と水など相対する陰と陽とが結び合って万物が生成されること

疎遠　音信や訪問が久しく途絶えているさま

生長の家叢書『生命の實相』から一部分を抜き出し、テーマごとに編纂して刊行された全十一冊の冊子シリーズ

頭注版㉞二〇〇頁

上《じょう》も中耳炎《ちゅうじえん》で専門医《せんもんい》にかかっても治《なお》らないのでした。その故《せい》でしょう、最初《さいしょ》この夏夫婦《ふうふ》でその子供《こども》をつれてお伺《うかが》いしました時《とき》に『あなたは夫婦仲《ふうふなか》が悪いのでしょう』と先生《せんせい》から被仰《おっしゃ》られました。『奥様《おくさま》の心持《こころもち》が子供に映《うつ》って子供の耳を悪くするのだから、奥様は良人《おっと》に絶対服従《ぜったいふくじゅう》の心を持ちなさい。その決心《けっしん》さえ出来《でき》たら、もう、そんな繃帯《ほうたい》は要《い》らぬ。そんなに大袈裟《おおげさ》に繃帯《ほうたい》していたら、却《かえ》って自分《じぶん》は大病《たいびょう》だという暗示《あんじ》を受けて病気《びょうき》は永《なが》びく』と先生からおさとしを受けました。家内《かない》は実《じつ》は先生の被仰《おっしゃ》る通《とお》りでございましたので、絶対服従が心を打ったらしく、そのまま子供の繃帯《ほうたい》をとりますと、翌日《よくじつ》もう耳の膿漏《のうろう》が去ってしまいました。」鈴木氏《すずきし》は退職《たいしょく》の小学校長《しょうがっこうちょう》で、奥様は中等学校《ちゅうとうがっこう》の現職《げんしょく》の教諭《きょうゆ》であった。それだけに夫人《ふじん》の方《ほう》が良人《おっと》よりも見識《けんしき》が高く、良人《おっと》のいうことを「聴《き》きたくない」心をもっていたのであった。それを先生は指摘《してき》せられたのだ。「聴きたくない心」は本人《ほんにん》または、自分の子供に耳の故障《こしょう》を起《おこ》すのである。「何《なん》でも長上《ちょうじょう》のいうことは素直《すなお》にききます」

膿漏 うみが絶えず流れ出す疾患

見識 気ぐらい

長上 年長者。目上の者

という心になれば、たちまちこのように治《なお》るのである。この場合《ばあい》は母親《ははおや》の心が子供《こども》に映《うつ》っていたのである。鈴木氏《すずきし》は又《また》いわれる。「耳のわるいせいもあり、子供は成績《せいせき》も始終《しじゅう》思わしくなかったのです。僅《わず》かに体操《たいそう》、音楽《おんがく》といった科目《かもく》のみが甲《こう》、算術《さんじゅつ》は乙《おつ》、その他《た》に至《いた》ってはむしろ全《まった》く問題《もんだい》ではなかったのです。一クラス五十人中《にんちゅう》の四十四、五番位《ばんくらい》にいたのです」と。ところが同氏《どうし》が生長《せいちょう》の家《いえ》へ入《はい》ってから、生長《せいちょう》の家式教育法《いえしききょういくほう》に感動《かんどう》せられ、生長の家の叱《しか》らぬ賞《ほ》める式《しき》の教育《きょういく》を施《ほどこ》すようにして不断《ふだん》にお子さんの心を鼓舞激励《こぶげきれい》していた。学期末《がっきまつ》に方《あた》ってなお多少《たしょう》の不安《ふあん》があった為《ため》、学校《がっこう》を訪問《ほうもん》して担《たん》任教師《にんきょうし》に、成績通知簿《せいせきつうちぼ》を真《しん》、偽《ぎ》二通《つう》に作製《さくせい》してもらい、偽《にせ》の好成績《こうせいせき》を記入《きにゅう》した方《ほう》をお子さんに託《たく》されるよう依頼《いらい》されてその内諾《ないだく》を得《え》られた。

鈴木氏《すずきし》はこんな工夫《くふう》をして、子供に好成績の印象《いんしょう》のみを与えるように努《ど》力《りょく》していると、いつか真《しん》に成績の上《あが》っていたお子さんとなっていたのであった。――休暇後《きゅうかご》は算術なども悉《ことごと》く満点《まんてん》の好成績を示していたという。

算術　旧制の小学校における教科名。算数

乙　成績評価で二番目の成績

生長の家式教育法　著者が提唱した教育法。〝ほめる教育〟〝引き出す教育〟として知られる。「生命の教育」とも呼ばれる。本全集第二十二巻「教育篇」参照

方る　…のときに

鼓舞激励　はげまして気持ちをふるい立たせること

内諾　内々で承諾すること

その上《うえ》のお子さんは、これは成績《せいせき》の点《てん》では申分無《もうしぶんな》いのであったが、心臓《しんぞう》病《びょう》で入院等《にゅういんとう》のこともあり、何《なに》か神経障礙《しんけいしょうがい》のような動作不活潑《どうさふかっぱつ》で、例《たと》えば抽斗《ひきだし》から教科書《きょうかしょ》を取出《とりだ》す程《ほど》のことにも、四、五分《ふん》はかかるというふうであった。それが最近《さいきん》の運動会《うんどうかい》の駈《かけ》っこでは、悠々《ゆうゆう》一等《とう》を占《し》めて帰ったのであった。「あの子の心臓《しんぞう》は弱い、鈍《にぶ》い子だ」と、今迄《いままで》は「親《おや》の心」に「弱い」とか「鈍い」とかいう念像《ねんぞう》を描《えが》いていたからその通《とお》りあらわれていたのであるが、親が常《つね》に「あの子の心臓は強い。元気《げんき》で活潑《かっぱつ》だ」と心に描《えが》くようにつとめると、その通りになってしまったのである。子供《こども》の相《すがた》は親の心の影《かげ》であるからである。

右肺《みぎはい》の運動不能《うんどうふのう》甦《よみが》える

鈴木三郎氏《すずきさぶろうし》は昭和《しょうわ》六年《ねん》、肋膜《ろくまく》を患《わずら》ってから右肺《みぎはい》が全然《ぜんぜん》動かなくなってい

念像 念の映し出したすがた

頭注版㉞二〇三頁

鈴木三郎氏 本全集第四十八巻「聖典講義篇」一二六頁参照

た。翌《よく》五年《ねん》四月《がつ》には最早《もはや》一枚《まい》の板《いた》のように固《かた》く、聴診器《ちょうしんき》にも何《なん》ら呼吸音《こきゅうおん》を検診《けんしん》し得《え》ず、既《すで》に医学上決定的《いがくじょうけっていてき》に一個《こ》の不具者《ふぐしゃ》と見做《みな》されたのであった。成女高等女学校《せいじょこうとうじょがっこう》の校長《こうちょう》宮田脩氏《みやたしゅうし》の紹介《しょうかい》で生長《せいちょう》の家《いえ》に入《はい》り三界唯心《さんがいゆいしん》の真理《しんり》を知るや自分《じぶん》の症状《しょうじょう》はその前年主《ぜんねんしゅ》として御実父《ごじっぷ》との間《あいだ》に心的纏《しんてきもつ》れがあり、自《みず》からも、その具象化《ぐしょうか》として反省《はんせい》されていた。一日《にち》、本部《ほんぶ》の支部連盟室《しぶれんめいしつ》へ立《たち》寄《よ》って偶々《たまたま》右の病状《びょうじょう》や、家庭《かてい》の実状《じつじょう》を洩《も》らしたのだが、その時同室《ときどうしつ》の誌友《しゆう》の話によって、心を展《ひら》く強い光明《こうみょう》の真理《しんり》を与えられた。ここに氏《し》の、御実父や家庭への反省は一層《いっそう》に深まった。翌日《よくじつ》はその心的反応《しんてきはんのう》で始終妙《しじゅうみょう》にもやもやした不快《ふかい》な思いがあり、その夜《よ》は妙《みょう》に風邪気味《かぜぎみ》なので早々寝《そうそうしん》に就《つ》いた。と、突然夜半《とつぜんよなか》に目が覚《さ》めたとき『生命《せいめい》の實相《じっそう》』の冒頭《ぼうとう》の「汝《なんじ》ら天地一切《てんちいっさい》のものと和解《わかい》せよ」という神示《しんじ》を思い出した。それと共《とも》に自分は全《すべ》ての人《ひと》を釈《ゆる》していなかった。私《わたくし》は感謝《かんしゃ》が足りなかった。「お父さんすみません」というような懺悔心《ざんげしん》がわき起《おこ》って来て涙《なみだ》が滂沱《ぼうだ》として湧《わ》き起《おこ》って来た。そして泣ける

不具者　身体の一部に障害のある人

成女高等女学校　明治三十二年創立。東京都新宿区にある成女学園中学校・成女高等学校の前身

宮田脩氏　明治七〜昭和十二年。明治四十一年に成女高等女学校第三代校長に就任して没年まで務めた。婦人雑誌等にも多数寄稿した。早稲田大学や教育諸団体の理事を歴任

神示　著者が神から受けた啓示。ここでは昭和六年九月二十七日、著者に天降った「大調和の神示」を指す

滂沱　涙がとめどなく流れるさま

だけ泣いたあとは、妙《みょう》に爽《さわや》かな気分《きぶん》になったのであった。すると肋膜《ろくまく》の癒着《ゆちゃく》から動かなくなっていた右肺《みぎはい》が動き出して爽《さわや》かに呼吸出来《こきゅうでき》るのであった。同時《どうじ》に肺《はい》とともに久《ひさ》しく自由《じゆう》を失っていた右腕《みぎうで》さえ、意《い》のままに動くではないか。氏《し》は床《とこ》を離《はな》れ、しばらく熱心《ねっしん》に神想観《しんそうかん》を実修《じっしゅう》した。その嬉《うれ》しさ、その喜《よろこ》びは、まことに表現《ひょうげん》の辞《ことば》も無《な》かったのである。――氏は今《いま》は右肩《みぎかた》に軽い凹《くぼ》みがあり、過去《かこ》の病気《びょうき》の記念《きねん》の痕跡《こんせき》を成《な》している。これは「釈《ゆる》さない心」を持っている間《あいだ》は、自分自身《じぶんじしん》を縛《しば》っているから、身体《からだ》の各所《かくしょ》に不随《ふずい》の病気をあらわすのである。

学童《がくどう》の成績及《せいせきおよ》び健康改善《けんこうかいぜん》

宮城県《みやぎけん》の佐藤氏《さとうし》は生長《せいちょう》の家誌友《いえしゆう》となられて以来約《いらいやく》十ヵ月《げつ》、この間既《かんすで》にお子さんお二方《ふたかた》の肺患《はいかん》を完全《かんぜん》に癒《い》やされたのであった。長女《ちょうじょ》の方《ほう》は、今年某《ことしぼう》

痕跡 あと。形跡

頭注版㉞二〇四頁

肺患 肺病。肺結核

女学校《じょがっこう》へ入学《にゅうがく》したのであったが、医師《いし》はその病状《びょうじょう》が到底半年《とうていはんとし》や一年《ねん》のものでないことを語り、休学《きゅうがく》を勧《すす》めたものだ。しかし、本人《ほんにん》は、これを肯《がえん》ぜず、医師を斥《しりぞ》け、通学《つうがく》の余暇《よか》、専《もっぱ》ら『生命《せいめい》の實相《じっそう》』を心読《しんとく》しているうちに、急速《きゅうそく》に健康《けんこう》を恢復《かいふく》し、その後《ご》はその体格《たいかく》も級中《きゅうちゅう》一、二位を争う程《ほど》になったのであった。その上《うえ》の男子《だんし》の方《ほう》も昨年《さくねん》八月《がつ》、東京市《とうきょうし》の療養所《りょうようじょ》に入《はい》ったのであったが、同様《どうよう》『生命《せいめい》の實相《じっそう》』を読み、むしろ退院《たいいん》して神想観《しんそうかん》を厳修《げんしゅう》したいと決意《けつい》して、爾来《じらい》心静かに家居《かきょ》し、実相《じっそう》の観入《かんにゅう》に努力《どりょく》を続け、見事《みごと》、所《しょ》期《き》の成果《せいか》を達《たっ》したのであった。なお佐藤氏《さとうし》は、偶然《ぐうぜん》、近所《きんじょ》の某夫人《ぼうふじん》の病床《びょうしょう》を見舞《みま》ってあげ、その実相に呼《よ》びかけて、二、三日《にち》にして、某《ぼう》夫人の数月来《すうげつらい》の心臓病《しんぞうびょう》を快癒《かいゆ》せしめた体験《たいけん》をも併《あわ》せ語って、谷口先生《たにぐちせんせい》に心からの謝辞《しゃじ》を述《の》べ、今後一層《こんごいっそう》の御指導《ごしどう》を乞《こ》われたのであった。

女学校　旧制で、女子の中等教育を行った学校。高等女学校

肯んずる　聞き入れる

療養所　長期間の療養を必要とする慢性疾患患者が入院する施設。本書執筆当時は、特に結核患者が入院する施設が多く設けられていた

家居　家に引きこもっていること

観入　心の眼で深く見とおすこと

所期　心に期すること。前もって決めておくこと

午前《ごぜん》一時《じ》迄《まで》勉強《べんきょう》して体重《たいじゅう》一貫《かん》三百匁《め》増加《ぞうか》

林弁護士《はやしべんごし》のお子さんは、既《すで》に充分《じゅうぶん》「生長《せいちょう》の家《いえ》」の真理《しんり》を生きていられる。――歳末試験期《さいまつしけんき》に入《はい》って、宿題《しゅくだい》、来春高校受験準備等《らいしゅんこうこうじゅけんじゅんびなど》あり、毎夜《まいよ》午前一時過《す》ぎまで孜々《しし》として学業《がくぎょう》に専念《せんねん》され、その姿《すがた》は傍目《わきめ》にもいじらしく、親《おや》として、時《とき》に見るに堪《た》えぬ心である。しかも初秋《しょしゅう》の頃《ころ》、谷口先生《たにぐちせんせい》をはじめ多数誌友《たすうしゆう》の方々《かたがた》の光明思念《こうみょうしねん》を頂《いただ》いてからは、最早一切不安《もはやいっさいふあん》というものがない。午前一時迄《まで》勉強して些《いささ》かの疲労《ひろう》も見せぬのみか、却《かえ》ってこの期《き》に入《はい》ってから、体重一貫《かん》三百匁《め》をさえ増《ま》しているのだった。学校《がっこう》の体格検査《たいかくけんさ》には、これは多分量《たぶんはか》り違《ちが》いであろうと、三回も検査《けんさ》し直《なお》した程《ほど》であった。これは畢竟《ひっきょう》、両親《りょうしん》が常《つね》に、その子供《こども》の実相《じっそう》を眺《なが》め神の子の無限生命《むげんせいめい》を見つめ、かつて不安の念波《ねんぱ》を送らぬその結果《けっか》が、ここに顕《あらわ》れたのであると、父の林利男《はやしとしお》

頭注版㉞二〇五頁

一貫三百匁　約五キログラム。一貫は約三・七五キログラム

高校　旧制の高等学校。明治二十七年および大正七年に定められた高等学校令に基づいて設置された高等教育機関。現在の大学教養課程に相当する

孜々　一所懸命に励んで努力するさま

傍目　脇から見ていること

かつて　（下に打ち消しの語を伴って）まったく。全然

氏《し》は今更《いまさら》に沁々《しみじみ》と述懐《じゅっかい》せられるのであった。

膿胸《のうきょう》・脚気《かっけ》・腸出血全治《ちょうしゅっけつぜんち》

十二月《がつ》二十四日谷口先生《たにぐちせんせい》の御指導《ごしどう》の夜《よる》のこと、真先《まっさき》に対《むか》って、満腔《まんこう》の感謝《かんしゃ》を述《の》べられた田中武人《たなかたけと》氏《し》のお話の大要《たいよう》はこうである。

「私《わたくし》は若い時《とき》から宗教方面《しゅうきょうほうめん》に非常《ひじょう》に興味《きょうみ》を持ち、いろいろな学説《がくせつ》を漁《あさ》り、多くの霊術《れいじゅつ》をも研究《けんきゅう》してみました。あの濱口熊嶽師《はまぐちゆうがくし》には大変可愛《たいへんかわい》がられたものでした。化膿性胸膜炎《かのうせいきょうまくえん》という悪性《あくせい》の病気《びょうき》で大変苦しみまして、二回は手術《しゅじゅつ》を受け治《なお》しましたが、今年《ことし》の春三回目には大変悪化《あっか》しまして、その為《ため》に私《わたくし》の母はわざわざ旅順《りょじゅん》から京都《きょうと》まで、看護《かんご》のために来て下《くだ》さったのでした。その時私《わたくし》への見舞《みまい》の品《しな》として『生命《せいめい》の實相《じっそう》』一冊《さつ》を持って来てくれたのですが、その母自身《じしん》が船中《せんちゅう》でそれを読んで来たら、いつも悩《なや》まされ

頭注版㉞二〇五頁

膿胸　胸膜腔に化膿性の滲出液がたまる感染症。結核菌に起因するものが多い

満腔　からだ全体

霊術　明治時代末から昭和初期に流行した民間療法。霊能者が霊視や祈禱によって病因を探ったり治療したりする術

濱口熊嶽師　明治十一〜昭和十八年。霊術家。「人身自由術」という気合術によって多くの病人を癒やした。霊術ブームの代表的存在

化膿性胸膜炎　「膿胸」のこと

旅順　現在の中国遼寧省大連市の一地区。遼東半島南端の要衝。日清戦争で日本が割譲したが三国干渉で返還した。日露戦争で激戦の末に日本の租借地となり、関東軍司令部が置かれた

る船酔《ふなよい》を少しも感《かん》ぜず、安楽《あんらく》に旅行《りょこう》をすることが出来《でき》たと申《もう》しました。

それで読みなさいと勧《すす》められたのですが、私《わたくし》にはどうもすぐに読む気がしないのでありました。しかし母は京都《きょうと》へ着《つ》くと十日間《とおかかん》、一睡《いっすい》もせずに熱心《ねっしん》に私《わたくし》の側《そば》で『生命《せいめい》の實相《じっそう》』を読んで聞かせてくれたり光明思念《こうみょうしねん》をしてくれたりしました。私《わたくし》はこの母の深い愛に次第《しだい》に動かされて来たのです。ちょうど十日目《とおかめ》の午前《ごぜん》十時頃《じごろ》でした。今《いま》までの経験《けいけん》では手術《しゅじゅつ》によってでなければ排泄《はいせつ》されなかった膿《のう》が背中《せなか》に自然《しぜん》に小孔《こあな》があいて夥《おびただ》しく排泄されまして大変《たいへん》気持《きもち》がよくなりましたので、私《わたくし》もいよいよ真剣《しんけん》に『生命《せいめい》の實相《じっそう》』を読み出しました。間《ま》もなく膿《のう》の孔《あな》も自然にふさがり十数日《すうじつ》で私《わたくし》は難病《なんびょう》を忘れてしまいました。そこで、この『生命《せいめい》の實相《じっそう》』こそ人類《じんるい》の暗《やみ》を消す燈火《とうか》だ、生長《せいちょう》の家《いえ》の思想《しそう》こそ、あらゆる人生苦《じんせいく》を解消《かいしょう》し、家庭《かてい》に平和《へいわ》を齎《もたら》し、社会《しゃかい》を光明化《こうみょうか》するものだ、これを一日《にち》も早く世間《せけん》に宣伝《せんでん》せねばならぬと気附《きづ》きました。五月《がつ》十五日には京都《きょうと》支部《しぶ》をお訪《たず》ねして、小木博士《こぎはくし》の御指導《ごしどう》を受け

小木博士　小木虎次郎。慶応二〜昭和十五年。工学博士。京都帝国大学理工科教授。関西や中部地方の電気事業にも携わる。月刊誌『生長の家』に発表された著者の自由詩「甘露の法雨」を折本型で製本し、今日の「聖経」の雛形となった

て、一層朗《いっそうほがら》かな心境《しんきょう》に入《い》ることが出来《でき》て旅順《りょじゅん》に帰ったのでした。先《ま》ず父に『生命《せいめい》の實相《じっそう》』を説《と》きますと父がいうのに、『お前《まえ》はこれまでいろんなものを研究《けんきゅう》して、ものになった例《ためし》がないじゃないか。その生長《せいちょう》の家《いえ》だって碌《ろく》なものじゃなかろう。正しいかどうか、私《わし》が先《ま》ず読んで検閲《けんえつ》してから良《よ》かったらお前読め、良くなかったら止《や》めよ』といったふうで、読みかけましたが、その父は読書家《どくしょか》で二日《ふつか》程《ほど》で『生命《せいめい》の實相《じっそう》』一冊《さつ》を読み終《おわ》ると共《とも》に持病《じびょう》の脚気《かっけ》が治《なお》ってしまいました。そして大変共鳴《たいへんきょうめい》して、ここに私《わたくし》の家庭《かてい》の光《こう》明化《みょうか》が実現《じつげん》し、次《つ》いで父は部下《ぶか》の人達《ひとたち》に『生命《せいめい》の實相《じっそう》』を勧《すす》める。私《わたくし》は弘《ひろ》く皆様《みなさま》にこの聖典《せいてん》を普及《ふきゅう》させて頂《いただ》くという有様《ありさま》で、旅順《りょじゅん》に支部《しぶ》が出来《でき》てから、四ヵ月《げつ》の間《あいだ》に三百名《めい》の誌友《しゆう》を獲得《かくとく》しました。毎月《まいげつ》の座談会《ざだんかい》には、いつも百五十名余《めいよ》の御出席《ごしゅっせき》があり、憲兵隊《けんぺいたい》や警察《けいさつ》の方達《かたたち》、真言宗真宗《しんごんしゅうしんしゅう》の僧侶《そうりょ》、『人《ひと》の道《みち》』の人達《ひとたち》、さては医師《いし》の方《かた》まで熱心《ねっしん》に集《あつま》って見えます。第《だい》一回《かい》の座談会には特《とく》に多数《たすう》の名士《めいし》の御臨席《ごりんせき》を得《え》て、『満洲日々《まんしゅうにちにち》』にその記事《きじ》が掲載《けいさい》

検閲　そのままでよいか調べ改めること

憲兵隊　旧日本陸軍で陸軍大臣の管轄に属して主に軍事警察をつかさどった軍隊。明治十四年に創設された

真言宗　真言密教ともいう。平安時代、空海(弘法大師)が唐より帰朝した後、高野山に開創した。『大日経』と『金剛頂経』を根本経典とする

名士　世の中に名を知られている人

『満洲日々』　昭和十年から十九年まで奉天の満洲日日新聞社より発行された新聞

された程《ほど》でした。祖父《そふ》は八十一歳《さい》の老人《ろうじん》ですが、腸出血《ちょうしゅっけつ》でほとんど絶望《ぜつぼう》の状態《じょうたい》でしたが、家庭《かてい》の光明化《こうみょうか》と共《とも》に快癒《かいゆ》し、松下村塾《しょうかそんじゅく》に学んだ頑固一徹《がんこいってつ》の性質《せいしつ》だったのが、よく皆《みな》に調和《ちょうわ》するようになり、先日《せんじつ》も関東州第二《かんとうしゅうだい》の高山《こうざん》たる老鉄山《ろうてつざん》、これは往復《おうふく》三里《り》あるのですが、それに登って平然《へいぜん》と無事《ぶじ》帰宅《きたく》しました。それから私《わたくし》の宅《たく》の満洲人《まんしゅうじん》のボーイが、しつこいトラホームで困《こま》っていたのが、やはり生長《せいちょう》の家《いえ》のおかげで全快《ぜんかい》し、又《また》よく真理《しんり》が判《わか》り壮健《そうけん》になって丸々肥《まるまるこ》えて来ました。以上《いじょう》死から救《すく》われましたお礼《れい》を申述《もうしの》べて、私《わたくし》の感謝《かんしゃ》と法悦《ほうえつ》の万分《まんぶん》の一《いち》を現《あらわ》させて頂《いただ》きました。」

経済《けいざい》から来る悩《なや》み

北陸《ほくりく》から出て来られたという婦人《ふじん》が先生《せんせい》の前《まえ》に進み出て相談《そうだん》した。その方《かた》の娘《むすめ》さんが婚家《こんか》について不満《ふまん》がある。それも経済上《けいざいじょう》についての不満で、母《はは》

松下村塾　長州藩の萩城下で安政二年に吉田松陰が叔父の家塾を引き継いで主宰した私塾。多くの幕末維新の志士を輩出した。遺構は平成二十七年に世界文化遺産に登録された

老鉄山　旅順のある遼東半島の南端にある山

トラホーム　結膜の慢性伝染性疾患。まつ毛が黒目を刺すようになったり、視力低下や失明に至ったりする

壮健　気力や体力が満ちあふれ、丈夫なこと

頭注版㉞二〇八頁

婚家　嫁または婿となって入籍した家

親《おや》も同様《どうよう》、不平《ふへい》に思っておられるということであった。先生《せんせい》は穏《おだや》かに被仰《おっしゃ》った。

「不平を持つということはよろしくないね。今《いま》ある財産《ざいさん》を見ず、実相《じっそう》の財産を見るようにすれば、自然《しぜん》に出て来るのです。今少《すくな》いということは、永久《えいきゅう》に少《すくな》いということではないでしょう。とにかく娘《むすめ》さんとして、夫《おっと》を拝《おが》むことが必要《ひつよう》ですよ。」

「娘を遣《や》ります時《とき》の話とまるで異《ちが》うのでございます。」

「期待《きたい》を裏切《うらぎ》られるのはやはりこちらでそういう心を持っていたからです。自分《じぶん》の心を豊富《ほうふ》にすることが大切《たいせつ》なので、怨《うら》んだり不平を抱《いだ》いたりする心は益々物質的《ますますぶっしつてき》にも乏《とぼ》しくしてゆく心です。」

「私《わたくし》は一時《いちじ》娘を引取《ひきと》ろうかと思っておりますのですが。」

「それはいけません。物質《ぶっしつ》が多いか少《すくな》いかということと幸福《こうふく》ということとは別物《べつもの》でしょう。物質の如何《いかん》などに不平を持つことなく、すべてに満足《まんぞく》の念《こころ》を

遣ります時　嫁がせる時

持って、愛を持って行《ゆ》けば、どんなにも幸福《こうふく》になれるのです。その御主人《ごしゅじん》の御職業《ごしょくぎょう》は何《なん》ですか？」

「代議士《だいぎし》でございまして、そうなりましてから余計《よけい》に以前《いぜん》より生活《せいかつ》が不安定《ふあんてい》になりまして困《こま》っているのでございます。」

「それであなたの方《ほう》へも何《なに》か援助《えんじょ》を求めて来られるようなことがあるのですね。執着《しゅうじゃく》の中《なか》にあって執着《しゅうじゃく》を行《おこな》いつつ執着《しゅうじゃく》していないのが仏《ほとけ》の道《みち》でしょう。金《かね》を貸《か》しても貸さんでも自由自在《じゆうじざい》に動いて来るのが仏《ほとけ》です。あなたは仏《ほとけ》と一体《いったい》となった境地《きょうち》を羨《うらや》まれるが、浮世《うきよ》の問題《もんだい》を離《はな》れて精進《しょうじん》することが仏《ほとけ》と一《ひと》つになるのではないのです。家庭《かてい》の中《なか》で奥《おく》さんが不平《ふへい》を持っていれば経済《けいざい》も不安定になって来る。奥さんの位置《いち》は大切《たいせつ》な位置なのです。金《かね》は執著《しゅうじゃく》の心で扱《あつか》わなければ汚《きたな》いことはない。ただ自分《じぶん》のものと思ったらいかぬ。神《かみ》様仏様《さまほとけさま》から預《あずか》っていると思えばよい。そうすれば自分勝手《じぶんかって》に出来《でき》る。貸《か》して生きるものなら貸せる。これなら自分の執著《しゅうじゃく》ではない。金《かね》を自分のもの

代議士　衆議院議員の通称

浮世　世の中。俗世間

として扱《あつか》おうとするところに苦しみが出来《でき》るのです。一切《いっさい》を仏様《ほとけさま》の名義《めいぎ》に切りかえてしまったら楽《らく》になるのです。」

罪業本来《ざいごうほんらい》なし

某子爵《ぼうししゃく》の親族《しんぞく》だという方《かた》が先生《せんせい》に対《むか》って次のように尋《たず》ねた。

「私《わたくし》の父は十三年前《ねんぜん》に亡《な》くなりましたが、年忌毎《ねんきごと》にきっと何《なに》かしら家庭内《かていない》に故障《こしょう》が起《おこ》るのであります。本家《ほんけ》の血統《ちすじ》は三百年前《ねんまえ》からの大名《だいみょう》でありますので、因縁複雑《いんねんふくざつ》と見えまして、諸方《しょほう》にある先祖《せんぞ》や一族《ぞく》の墓所《はかしょ》を買収《ばいしゅう》したり整頓《せいとん》したり致《いた》しまして、三百人《にん》からの多数《たすう》の霊《れい》を弔《とむら》っていますが、私《わたくし》の方《ほう》の父の年忌毎《ねんきごと》に故障が起《おこ》りますのは、亡父《ぼうふ》と私《わたくし》との心の関係《かんけい》によるのでしょうか、このような因縁《いんねん》を超越《ちょうえつ》するにはどんなふうにすればよろしいのでしょうか。」

頭注版㉞二一〇頁

子爵　華族の身分を表す五爵（公・侯・伯・子・男）の第四位にあたる爵位。昭和二十二年に廃止された

年忌　命日に死者の冥福を祈る仏事

因縁　物事が生ずる直接的原因である「因」と間接的条件である「縁」によって結果が生ずること

先生《せんせい》は答えられる。「年忌毎《ねんきごと》にそういうことが起《おこ》るのはあなたの予想《よそう》が縁《えん》となり、過去《かこ》に先祖《せんぞ》の犯《おか》した罪《つみ》とか業《ごう》とかが因《いん》となり、この因《いん》と縁《えん》とが結ばれて起《おこ》るのです。業《ごう》は実在《じつざい》の世界《せかい》のものではないから本来無《ほんらいな》いものですが、業《ごう》という側《がわ》から見れば、それはある。ちょうどそれは暗《やみ》のようなものなのであります。暗《やみ》の側《がわ》からいえば暗《やみ》はあるのだが、そこに灯《ひ》を点《とも》して見ようとすれば何《なに》もない。それと同様《どうよう》に業《ごう》の方《ほう》から見ればそれはあっても、光明実相《こうみょうじっそう》の方《ほう》から見れば無《な》いものなのです。業《ごう》は今迄《いままで》の因縁《いんねん》を説《と》く教《おし》えの方《ほう》から見たもので、その側《がわ》から見れば確《たしか》にあるに違《ちが》いはない。が、本当《ほんとう》の実在の世界には業無《ごうな》しと悟《さと》ることによって、宗教《しゅうきょう》の救《すくい》は成就《じょうじゅ》するのでありまして、本当の人間《にんげん》には業《ごう》、因縁無《いんねんな》しと悟れば、この時因縁《ときいんねん》を超越《ちょうえつ》して業《ごう》の無《な》い世界に入《はい》ることが出来《でき》るのですよ。

「先祖の犯した罪というものは、ラジオの放送《ほうそう》のようなもので、それはちょうど適合《てきごう》する波長《はちょう》があって顕在《けんざい》になるのです。顕在にまで誘発《ゆうはつ》する『適合し

顕在　形となって外にあらわれること
誘発　ある事が他の事を引き起こすこと

た波長《はちょう》』それが縁《えん》というものです。その縁《えん》がこちらに無《な》ければよい。しかしそれだけでは因《いん》は残っているから、あなたに無《な》くなっても他《た》の家族《かぞく》に顕《あら》われることになるかも知れない。だからその因《いん》を破壊《はかい》しなければ本当《ほんとう》ではない。それではどうするかといえば、その本人《ほんにん》の霊魂《れいこん》を悟《さと》らせて、『罪《つみ》』本来無《ほんらいな》し、『業《ごう》』本来無《な》しという世界《せかい》に出させれば好《よ》いのです。」

執愛《しゅうあい》と法愛《ほうあい》

五十歳位《さいくらい》の男「子供《こども》が肺《はい》を患《わずら》っていて、最初《さいしょ》『生命《せいめい》の實相《じっそう》』を読んでよくなったのですが、その後依然《ごいぜん》としてもう少しというところで治《なお》り切《き》らないで困《こま》っています。子供がいうにはこの病気《びょうき》はお父さんの若い時代《じだい》の道楽《どうらく》が原《げん》因《いん》していると申《もう》します。先生《せんせい》、過去《かこ》の罪悪《ざいあく》を消すにはどうしたらよろしいのでしょうか」と問《と》うのだ。谷口先生《たにぐちせんせい》は、父の伴《つ》れている息子《むすこ》の方《ほう》へ優《やさ》しく振《ふり》

頭注版㉞二一一頁

執愛 自分の満足のために近くにとどめておきたいと思う執着心

法愛 仏の心で相手を生かす愛

道楽 品行が悪いこと。酒色や博打などの遊興にふけっておぼれてしまうこと

向《む》いて被仰《おっしゃ》った。

「親《おや》の罪《つみ》を心にかける息子《むすこ》さんの心境《しんきょう》はよくないね。息子さんが『生命《せいめい》の實相《じっそう》』を読んで健康《けんこう》を得《え》たら、それを次に与えなければなりません。健康なる生命力《せいめいりょく》を与える。与えるとは出して働《はたら》かせることです。自分《じぶん》が与えないでおいて、お父さんに罪があると考え、それが自分の病気《びょうき》の原因《げんいん》と思っている。その心が病気です。心の下水《げすい》を潔《きよ》めることをしないでは病気は治《なお》りません。自分が八十パーセントの健康を得《え》たら、八十パーセントの健康を働かせて、その得《え》た功徳《くどく》を出さなければならない。」

この話を聴《き》いていた同席《どうせき》の一修行者《しゅぎょうしゃ》が谷口先生《たにぐちせんせい》に問《と》うのだった。「今《いま》の方《かた》は随分《ずいぶん》子供《こども》さんを愛していられるように思われますが。」すると先生《せんせい》は語をついでこう被仰《おっしゃ》った。

「愛には執愛《しゅうあい》と法愛《ほうあい》とあります。執愛《しゅうあい》は、子供さんを如何《いか》に大切《たいせつ》にしているように見えても子供を生かしません。子供の迷《まよ》いから病気を認《みと》めて、それを自《みずか》らの罪《つみ》としていては子供《こども》さんを毒《どく》することになります。法愛《ほうあい》は常《つね》に相手《あいて》の実相《じっそう》をひき出し生かして行《ゆ》く愛であります。」

失職《しっしょく》した人《ひと》

現在《げんざい》失職しているという青年《せいねん》が「『生命《せいめい》の實相《じっそう》』の中《なか》のどの本のどの部分《ぶぶん》を読んだらよろしいでしょうか」と尋《たず》ねた。

「今《いま》を生かすことが一番大事《いちばんだいじ》です。月給《げっきゅう》を貰《もら》わぬでも仕事《しごと》はいくらでもあるものです。何《なん》でも人を生かす、人の為《ため》になる仕事をしていることが大切《たいせつ》です。奉仕《ほうし》の心さえあれば、その内《うち》、きっと職《しょく》は与えられます。そして『生命《せいめい》の實相《じっそう》』のどこでもよいから、しっかりお読みなさい。」

頭注版㉞二一二頁

失職　職を失うこと

家庭円満法《かていえんまんほう》

良人《おっと》がなかなか生長《せいちょう》の家《いえ》に賛成《さんせい》してくれぬという婦人《ふじん》に、先生《せんせい》はこうお答えになった。

「皆《みん》な神の子なのですから、先《ま》ず夫《おっと》を拝《おが》もうという心持《こころもち》になれば円満《えんまん》になるのです。それをあなたが、『生長の家は、よい教《おし》えである、自分《じぶん》はそのよい教えに行《ゆ》くのに、夫はなかなか行《ゆ》こうとせぬ。悪い夫である』といって夫を抑《おさ》えるようにする。すると、却《かえ》って夫の方《ほう》では『何《なん》じゃ、あんな所《ところ》』といって益々《ますます》反対《はんたい》されるということになるのです。」

頭注版㉞二一三頁

光明《こうみょう》の断片《だんぺん》語集《ごしゅう》

頭注版㉞二一三頁

断片語　切れぎれになった一部分の言葉

「『生命《せいめい》の實相《じっそう》』の読誦《とくじゅ》によって、十九年間《ねんかん》の脊髄癆《せきずいろう》が僅《わず》かな日数《にっすう》で治《なお》ってしまったのですが、喘息《ぜんそく》だけはどういうわけか未《いま》だに治《なお》りません」と恨《うら》みがましくいう老婆《ろうば》に――

「あなたは心に優《やさ》しさと慈《いつく》しみが足りないのです。誰《たれ》が聞かれても判《わか》るように随分《ずいぶん》あなたの言葉には、きつい所《ところ》がある。言葉が優しくないのは、つまり息《いき》が荒《あら》いことになるのですよ。」

生長《せいちょう》の家《いえ》で説《と》く「物質無《ぶっしつむ》」がどうも腑《ふ》に落《お》ちぬという人《ひと》に、先生《せんせい》は次の如《ごと》くお答えになった。

「あなたのように『物質《ぶっしつ》は――』と前提《ぜんてい》を置いてから、『物質無《ぶっしつむ》』といい切ろうとすれば、心に物質を認《みと》めていっているのですから、勢《いきお》い捉《とら》われ易《やす》いのです。物質がアルとかナイとか考えずに、何《なに》を見ても、皆《みん》な仏《ほとけ》さま神さまという気持《きもち》にお成《な》りなさい。あれも仏様《ほとけさま》のめぐみの現《あらわ》れである。これも神様《かみさま》のいのちの現れである、こう思いなさい。すると生活《せいかつ》の上《うえ》に全《すべ》てよいものが

腑に落ちぬ　納得がいかない

勢い　必然的に

顕《あらわ》れて来る。『物質無《ぶっしつむ》』とは虚無主義《きょむしゅぎ》に堕《だ》することではない。妙有《みょうう》を把《つか》むことです。『無《な》い』どころか、物質《ぶっしつ》みたいなつまらないものがと思っていたのが、すべて『有《あ》る、有る、有る……』仏《ほとけ》の顕現《けんげん》がある、神の顕現がある、その時《とき》すべてが妙有《みょうう》に化《か》する。そうしたら自然《しぜん》と『物質なし』になるのですよ。」

先祖《せんぞ》からの病弱《びょうじゃく》な血統《けっとう》の為《ため》に、自分《じぶん》もまた心悸亢進《しんきこうしん》に悩《なや》むという人《ひと》に、先生《せんせい》は、

「あなたの病気《びょうき》は、あなた自身《じしん》の病気ではないようですね。祖先《そせん》の霊魂《れいこん》の病念《びょうねん》が波《なみ》となってあなたに感《かん》じられるのですよ。動悸《どうき》は心配《しんぱい》する事《こと》はないから、仏前《ぶつぜん》で『甘露《かんろ》の法雨《ほうう》』をしっかり誦《よ》んで、祖先の迷《まよ》っている霊《れい》を悟《さと》らせて上《あ》げなさい」と被仰《おっしゃ》った。しかしこれはこの人の場合《ばあい》である。

死の恐怖《きょうふ》に慴《おび》えるといって、怖々《こわごわ》その不安《ふあん》な気持《きもち》を述《の》べる、見るからに病人《びょうにん》らしい青年《せいねん》に、先生は儼《げん》として被仰《おっしゃ》った。

虚無主義　あらゆる既成の価値観を無価値とする世界観。ニーチェやハイデガーなどに代表される考え方。ニヒリズム

妙有　本当にあるもの

心悸亢進　心臓の拍動数が異常に増えること

動悸　心臓の鼓動が通常より激しい状態

儼として　おごそかでいかめしいさま

「死が怖《おそろ》しい？　そう。人間《にんげん》は肉体《にくたい》ではないんですから、宇宙《うちゅう》と倶《とも》に永劫《えいごう》に存在《そんざい》するのですよ。この消えたり亡《な》くなったりする肉体は人間ではない。人間の産物《さんぶつ》ですよ。人間は久遠《くおん》の昔《むかし》から生《い》き通《とお》しているところの生命《せいめい》そのものなのです。あの星雲《せいうん》状態《じょうたい》の高熱時《こうねつじ》も生き通して生物《せいぶつ》を発現《はつげん》させて来た、その生命《せいめい》が人間の生命《せいめい》だ。人間はそういう生命《せいめい》だから死ぬことはないのですよ。」

医者《いしゃ》の診断《しんだん》が不服《ふふく》で、病気《びょうき》が永《なが》びいた経験《けいけん》を語る人《ひと》に、先生《せんせい》は被仰《おっしゃ》った。

「医者と喧嘩《けんか》するから病気が永《なが》びいたのですよ。健康《けんこう》は円満完全《えんまんかんぜん》な大調和《だいちょうわ》の雰囲気《ふんいき》の中《なか》に現《あらわ》れるのですから、医者を一概《いちがい》に敵視《てきし》してはいけません。」

先生は医者の味方《みかた》だ。

咳《せき》が出る、夜寝《よるね》られぬ、若い者《もの》のする事《こと》が不服で苛々《いらいら》するという老婆《ろうば》に、先生は被仰《おっしゃ》った。

「焦《あせ》る気持《きもち》を捨《す》てなさい。あなたのその焦る気持が病気を作る因《もと》なんです

永劫　きわめて長い年月。永久

星雲　雲のように広がって見える天体。「星雲」、銀河系内星雲を「星雲」、銀河系外星雲を「銀河」と呼ぶ

発現　あらわれ出ること

一概に　ひっくるめて。おしなべて

よ。あなたは若い者《もの》のする事《こと》を批判《ひはん》し過《す》ぎる。一々《いちいち》それが気に食《く》わない。自《じ》分《ぶん》の我《が》でもって『こうありたい』という尺度《しゃくど》を握《にぎ》り過ぎている。その把《つか》みを一日《にち》も早く放《はな》しなさい。みんな人間《にんげん》は神の子だから、若い者のやることは間違《まちがい》はない。若い者のやることを、ああ有難《ありがた》いと思って感謝《かんしゃ》する気持《きもち》にお成《な》りなさい。」

海水浴《かいすいよく》や日光浴《にっこうよく》をしたらそれ以来《いらい》、熱《ねつ》が出て肺患《はいかん》がひどくなったと零《こぼ》す人《ひと》に、先生《せんせい》は次の如《ごと》く被仰《おっしゃ》った。

「日光浴をしたら健康《けんこう》に良《よ》いとか、海水浴をしたら健康によいとかいう考えが既《すで》に素人考《しろうとかんが》えに捉《とら》われているのですよ。素人《しろうと》の健康法《けんこうほう》は生兵法大怪我《なまびょうほうおおけが》の基《もと》です。物質的健康法《ぶっしつてきけんこうほう》に頼《たよ》るならむしろ医者《いしゃ》の科学的《かがくてき》な指導《しどう》によってやった方《ほう》がいい。素人考《しろうとかんが》えは我《が》の考えです。人間の体《からだ》というものは、自然《しぜん》が良《よ》く知っている。その自然に従《したが》うのが一等好《いっとうよ》い。寒気《さむけ》がする時《とき》には温《あたた》め、体《からだ》が怠《だる》い時には寝《ね》るというふうにです。だから体に熱《ねつ》がある時には熱を放散《ほうさん》させぬ

尺度　ものさし。物事を評価する基準

生兵法大怪我の基　中途半端に兵法を知っていると未熟な技術のため大怪我をしかねないように、生半可な知識を持つ者が大失敗をしかねないという諺

為《ため》に、自然《しぜん》と毛孔《けあな》が塞《ふさが》って悪寒戦慄《おかんせんりつ》が起《おこ》るのです。悪寒戦慄《おかんせんりつ》は病気《びょうき》ではない。黴菌《ばいきん》と闘《たたか》うために、身体《からだ》の熱《ねつ》を上昇《じょうしょう》させる必要上《ひつようじょう》、毛孔《けあな》を強く引緊《ひきし》める健康《けんこう》の働《はたら》きだ。ですから、人間心《にんげんごころ》でどうしたらいい、こうしたらいいなどということよりも、自然に素直《すなお》になることですよ。色々《いろいろ》と批評《ひひょう》しないで、もっと素直《すなお》におなりなさい。何《なん》でもそのまま無条件《むじょうけん》に受容《うけい》れないで小理窟《こりくつ》で斬《き》り裁《さば》いて行《ゆ》く心が胸《むね》の病気です。」

『生命《せいめい》の實相《じっそう》』を読んでいるが、病《や》める友達《ともだち》はいくら説《と》き聞かしても一向心服《いっこうしんぷく》してくれず、私《わたくし》は立場《たちば》に窮《きゅう》して困《こま》っているという人《ひと》に対《たい》して、先生《せんせい》は答えられた。――

「我《が》で治《なお》すのでは駄目《だめ》ですよ。心が治《なお》った時《とき》に病気が無《な》くなるのです。本来《ほんらい》病気は無《な》いんだけれども、心の迷《まよ》いがそんなふうに現《あらわ》れている。いくらこっちが説教《せっきょう》したって、心が反抗《はんこう》していつ迄《まで》も我《が》を突《つ》き通《とお》すようでは、中々治《なかなかなお》るものではないのです。」また――

悪寒戦慄　不快な寒気がして体じゅうがふるえること

心服　心から敬服して従うこと

「反抗《はんこう》する人《ひと》には勧《すす》めないが好《よ》い。まだ機縁《きえん》が熟《じゅく》さない、ギリギリの所《ところ》まで行《ゆ》かないと花は開《ひら》かぬ。勧めて争う位《くらい》ならば勧めぬが好《よ》い。」「生長《せいちょう》の家《いえ》は仲《なか》よくする所です。病気《びょうき》というのは仲よくしないという不調《ふちょう》和《わ》から起《おこ》るのですよ。病気を治《なお》してやろうと思って喧嘩《けんか》をしているのでは、光《ひかり》を得《え》ようとして暗《やみ》を向いて走るようなものだ。」どこまでも生長の家は大《だい》調和《ちょうわ》の生活《せいかつ》だということを被仰《おっしゃ》るのだ。

『生命《せいめい》の實相《じっそう》』を三日程《みっかほど》読んだが、どうも心機一転《しんきいってん》という具合《ぐあい》に病気が治《なお》らないという人に、

「余程《よほど》、心の素直《すなお》な人で『生命《せいめい》の實相《じっそう》』を少し読んだきりで、一《いっ》ぺんに病気の治《なお》った人もあります。（鞄《かばん》の中《なか》より、その治験例《ちけんれい》として山口県《やまぐちけん》の誌友《しゆう》からの感謝状《かんしゃじょう》を朗読《ろうどく》せらる。）こういうふうに本人《ほんにん》がギリギリの所まで行《い》ってって、ふっとした心の転換《てんかん》によって、くらりと心が更《あらた》まり、一ぺんに病気の治《なお》る人も多いのですが、しかし徐々《じょじょ》に治《なお》って行《ゆ》く人もある。それはまたそれ

機縁　きっかけ。縁

更まる　新しくなる

でいいので、やはりそれぞれの行《ゆ》き方《かた》というものがあるのです。」

「私が話すとぴったりと来る人《ひと》もあるし、私がどんなに話しても駄目《だめ》な人もある。三日程《みっかほど》読んで『心機一転《しんきいってん》』するなどと考えないで、みっちりと徐々《じょじょ》におやりなさい」とも被仰《おっしゃ》った。

何故《なぜ》意地悪《いじわる》されるか

頭注版㉞二一八頁

社会救済事業《しゃかいきゅうさいじぎょう》に婦人《ふじん》でありながら活動《かつどう》している某女史《ぼうじょし》が或《あ》る日《ひ》の集《あつま》りで谷口先生《たにぐちせんせい》にこういって質問《しつもん》した。

「こちらは向《むこ》う様《さま》のため、向《むこ》う様《さま》のためと思いながら一心《いっしん》に尽《つく》していますのに却《かえ》って相手方《あいてがた》から意地悪に出られることがありますが、どうしてそのように相手方から意地悪に出られるのでございましょう？」

「それはあなた自身《じしん》に意地悪をせられる要素《ようそ》があるからでしょう。」

女史　社会的な地位や名声のある女性。また、その女性の名前に付ける敬称

こう谷口先生《たにぐちせんせい》は無条件《むじょうけん》にお答えになった。

その翌々晩《よくよくばん》、某女史《ぼうじょし》は再《ふたた》び谷口先生を訪《おとず》れてこんな話をした。

「実《じつ》は私《わたくし》一昨日《いっさくじつ》先生《せんせい》から、あなたは意地悪《いじわる》をせられる要素《ようそ》があると聴《き》かされまして、それ以来《いらい》心がそれに引っかかってとても憂鬱《ゆううつ》になって何《なに》をしようとしても手につかず、終日《しゅうじつ》ぼんやりしていましたが、夜《よる》になってもオチオチ眠《ねむ》ることが出来《でき》ませんでした。それがほかの人《ひと》からそんな批評《ひひょう》をされたのなら何《なん》とも思いませんが、谷口先生からいわれたので神様《かみさま》から宣告《せんこく》されたように心が悲しみ傷《いた》むのでした。すると暁方《あけがた》私《わたくし》は神様のみ声《こえ》を聴《き》きました。それは神様の声だとしかどうしても考えられません。その語調《ごちょう》は厳粛《げんしゅく》であって同時《どうじ》に柔《やわら》かな、その和《なご》やかさは一切《いっさい》の悩《なや》みも悲しみも融《と》かしてしまうような和《なご》やかさなのです。『お前《まえ》は未熟《みじゅく》であればこそ生長《せいちょう》の家《いえ》へ往《い》っているのではないか。』ただこれだけの神様のお言葉でございましたが、『そうだ、未熟であればこそ生長の家へ往《い》って修行《しゅぎょう》している自分《じぶん》である。』こう思うと、私《わたくし》の悩《なや》み悲しみは一切《いっさい》解《と》けてなくなりました。実《じつ》はあの時《とき》以来《いらい》私《わたくし》は悩みになやんで、もう二度《ど》と生長《せいちょう》の家《いえ》へは来《こ》まいと決心《けっしん》したり、その決心を取消《とりけ》したり、生長の家へ来なくとも『生命《せいめい》の實相《じっそう》』だけは読まなければ淋《さび》しくて堪《た》えられないと思ったりして苦しんでいたのでございましたが、その神様《かみさま》の御一言《ごいちごん》で、すっかり悩みが消えたのでございます。それで今日《こんにち》あらためて先《せん》生《せい》にお礼《れい》に上《あが》りましたのでございます。」

偽《にせ》の自分《じぶん》を善《よ》いと思って頑張《がんば》っている間《あいだ》は人間《にんげん》は苦しむものである。

損《そん》をして真理《しんり》を知る

神戸大丸前《こうべだいまるまえ》の三澤兄弟商会《みさわきょうだいしょうかい》の兄が、ある日《ひ》、谷口先生《たにぐちせんせい》に神様のみ声《こえ》をきいた話をした。三澤商会は最新流行《さいしんりゅうこう》の婦人装身具《ふじんそうしんぐ》の販売店《はんばいてん》であったが、ある日、西洋人《せいようじん》が店《みせ》に来てハンドバッグとその他《た》二、三の買物《かいもの》をした。兄の

頭注版㉞二二〇頁

神戸大丸 現在の大丸神戸店。大丸百貨店は江戸三大呉服店の一つ「大丸屋」を前身とする百貨店であり現在は株式会社大丸松坂屋百貨店

三澤兄弟商会 本全集第十巻「聖霊篇」下巻第九章、第二十一巻「万教帰一篇」下巻第五章、第二十九巻「宗教問答篇」中巻第四章等参照

三澤《みさわ》さんが三十円也《えんなり》と勘定書《かんじょうがき》を書いて西洋人《せいようじん》に渡《わた》すと、西洋人は「オーライ」といって三十円を支払《しはら》って立去《たちさ》った。あとで気が附《つ》いてみるとハンドバッグ一個《こ》だけでも三十円の品物《しなもの》であった。あとの二、三の品物は無代《ただ》で売って十円ばかり損《そん》をしたということになっていた。兄三澤氏《みさわし》は「シマッタ」と思った。もうその西洋人は界隈《かいわい》にいなかった。その時《とき》、弟三澤氏が舌打《したう》ちした。「こんなことになるのは、兄貴手前《あにきてまえ》がいつも落着《おちつ》いていないで、ソワソワしているからだ。」弟三澤氏の強い語調《ごちょう》が兄三澤氏の心臓《しんぞう》をかすめて飛んだ。兄三澤氏は悲しかった。唯《ただ》さえ自分《じぶん》が「シマッタ！」と思って悲しい気《き》持《もち》になっている時に、それを慰《なぐさ》めてくれるどころか却《かえ》って追撃《ついげき》するように罵《ば》声《せい》を浴《あび》せられたことが悲しかったのだ。

兄三澤氏は心が憂鬱《ゆううつ》になって仕方《しかた》がなかったので、気をまぎらすために盛《さか》り場《ば》の新開地《しんかいち》の方《ほう》へ出掛《でか》けて行《い》った。それでも心がなぐさまなかった。その時ふと、耳の中《なか》で大声《おおごえ》で呶鳴《どな》った声《こえ》があった。ハッと思った。それは外から

三十円　現在の約六万～九万円に相当する

オーライ　All right　よろしい

界隈　そのあたり一帯。付近

唯さえ　普通の場合でさえ。そうでなくても

罵声　口汚くののしる声

新開地　神戸市兵庫区南部の地名。明治三十四年に治水のため新湊川を開削し、埋め立てられた旧湊川の下流域が新開地と名付けられ、歓楽街として発展した

聞《きこ》えてきた声《こえ》ではなかった。耳の直《す》ぐ中《なか》で聞《きこ》える厳《おごそ》かな声であった。声はいった、「お前《まえ》はそんな場合《ばあい》に他人《たにん》に同情《どうじょう》してやったことがあったか。」兄三《み》澤氏《さわし》は愕然《がくぜん》とした。それは、神の声だとしか思えなかった。今迄《いままで》、店員《てんいん》などが失策《しっさく》したような場合には「なぜこんな馬鹿《ばか》な事《こと》をしたんだ！」とその失策を追撃《ついげき》するかのような調子《ちょうし》で罵《ののし》ったものであった。ところが、今その追撃の罵声《ばせい》を自分《じぶん》で受けたとき、それでなくとも失策したと思っている矢先《やさ》き、又《また》、「お前は失策したナ」と追撃する言葉が如何《いか》に相手《あいて》の心を傷《きず》つけるものであるかを知ったのであった。

厳《おごそ》かなうちに優《やさ》しみの籠《こも》った声「お前はそんな場合に他人に同情してやったことがあったか。」――兄三澤氏はその言葉を心のうちで繰返《くりかえ》した。湧然《ゆうぜん》と兄三澤氏の心のうちに喜《よろこ》びの情《じょう》が湧《わ》き起《おこ》って来た。兄三澤氏は商売《しょうばい》で十円損《えんそん》をした代《かわ》りに神様《かみさま》の御声《みこえ》を聴《き》くことが出来《でき》たのだと思った。もう損をしたなどの感《かん》じはスッカリ消えてしまって、氏《し》の心は嬉《うれ》しさで一杯《いっぱい》であった。

失策　失敗。しくじり

湧然　盛んにわき起こるさま

聴講中数日来《ちょうこうちゅうすうじつらい》の風邪《かぜ》癒《い》ゆ

四月《がつ》十四日《か》第《だい》二日曜日《にちようび》生長《せいちょう》の家本部誌友会席上《いえほんぶしゆうかいせきじょう》で荒木剛氏《あらきごうし》は立って次のような話をした。

「先日第《せんじつだい》四回人類光明化運動講演会《かいじんるいこうみょうかうんどうこうえんかい》のありましたとき、あまり不思議《ふしぎ》な事《じ》件《けん》がありましたのでちょっと皆様《みなさま》に紹介致《しょうかいいた》します。あの日《ひ》私《わたくし》は早くまいりまして、この人《ひと》と一緒《いっしょ》に、会場《かいじょう》の前席《ぜんせき》の方《ほう》の椅子席《いすせき》に掛《か》けていました。佐《さ》藤先生《とうせんせい》の講演《こうえん》が終《おわ》り、それから谷口先生《たにぐちせんせい》の講演の頃《ころ》になりますとこの桑尾《くわお》さんが俯向《うつむ》いて首を左右《さゆう》に振《ふ》りながら聴《き》いているのです。話が退屈《たいくつ》なので眠《ねむ》いので俯向《うつむ》いて眼《め》を覚《さ》ます為《ため》に、あんなに首を左右に振っているのであろうと思っていました。それで帰《かえ》り途《みち》に僕《ぼく》はこの方《かた》に、『あなたはあの講演を聴いていて眠かったのでしょう。スッカリ俯向《うつむ》いていらっしゃいましたですね

頭注版㉞二二一頁

第四回人類光明化運動講演会 昭和十年三月二十一日に九段の軍人会館にて開催された

佐藤先生 佐藤彬。著者との共著『法華經解釋』を著した佐藤勝身の長男。著者の教えに共鳴した芸術家達による雑誌『生命の藝術』を創刊。弟は洋画家の松本竣介

え。しかし真理《しんり》の話は現在意識《げんざいいしき》は眠《ねむ》っていても、潜在意識《せんざいいしき》は聴《き》いているのですから、眠っていても好《よ》いのですよ』と慰《なぐさ》めるように申《もう》しますと、この方《かた》は『いいえ、私は決《けっ》して眠っていませんでした。実《じつ》は谷口先生《たにぐちせんせい》の御講演《ごこうえん》を聴いていますと、谷口先生のお身体《からだ》から激《はげ》しい光《ひかり》が射《さ》して眩《まぶ》しくて到底《とうてい》眼《め》をあけていることが出来《でき》ませんので、俯向《うつむ》いて首を掉《ふ》っていたのでございます』と申《もう》されました。

「実《じつ》はあの日《ひ》は、妙《みょう》に寒い日で生長《せいちょう》の家《いえ》の講演会《こうえんかい》には珍《めず》らしく雪が降《ふ》りましたが、あれも神様《かみさま》の摂理《せつり》であったのだろうと思われるのでございます。実はこの方《かた》は数日前《すうじつぜん》から風邪《かぜ》を引いていられたのですが、講演会の日が今日《きょう》のようにポカポカと暖《あたた》かいお天気《てんき》の日でありましたら、その風邪《かぜ》が治《なお》りましても、これは、時候《じこう》が暖かいおかげだろうなどと思うのでありましたが、あの日はあんなに特別《とくべつ》な寒い日で大雪《おおゆき》が降りました。その日に出掛《でか》けて往《い》って谷口先生の御講演をきいた。谷口先生の御講演をきいているうちに先生《せんせい》のお

潜在意識　人間の意識のうち、自覚を伴わないが心の奥底に潜んでいる意識。全意識の九五パーセントを占め、人間の行動のほとんどはこの影響を受けているとされる。本全集第十一巻「精神分析篇」参照

摂理　神の善きはからい

時候　季節。時節

身体《からだ》から眩《まぶ》しい光《ひかり》が射《さ》して来て、それと共《とも》に妙《みょう》に身体中《からだじゅう》が熱《あつ》くなって来まして、同時《どうじ》に数日前《すうじつぜん》からの風邪《かぜ》がスッカリ治《なお》ってしまったのでありますから、これは時候《じこう》の加減《かげん》だということは出来《でき》ない。神様《かみさま》が雪を降らせるのも皆《みな》めいめいの悟《さと》りのためであるとつくづく感《かん》じました。」

その話が終《おわ》ると谷口先生《たにぐちせんせい》は「その方《かた》のお名前《なまえ》は何《なん》と被仰《おっしゃ》いますか」と確《たし》かめられた。

「桑尾《くわお》さんと被仰《おっしゃ》います。私《わたくし》がこの方《かた》の宅《たく》に下宿致《げしゅくいた》しているのです」と荒木剛《あらきごう》さんは説明《せつめい》した。

桑尾《くわお》さんは眩《まぶ》しそうに谷口先生を仰《あお》ぎ見《み》ながら御礼《おれい》をいった。

講演中白髯《こうえんちゅうはくぜん》の老翁《ろうおう》を見る

昭和《しょうわ》十年《ねん》四月九日《がつここのか》、谷口先生が関西地方《かんさいちほう》の講演旅行《こうえんりょこう》を終えて、東京《とうきょう》の自《じ》

頭注版㉞二一三頁

白髯 白い頰ひげ

邸《てい》へお帰りになった日《ひ》、例《れい》の砂糖研究家《さとうけんきゅうか》の材木信治氏《さいきしんじし》が、こんな話をした。

「一月九日《がつここのか》の軍人会館《ぐんじんかいかん》の講演《こうえん》の日に私《わたくし》は片方《かたほう》の歯が頻《しき》りに痛《いた》んでおったのです。先生《せんせい》の御講演《ごこうえん》を半《なか》ばまで聴《き》いていますと、先生の額《ひたい》のところから、光芒《こうぼう》が――あの野蛮人《やばんじん》の酋長《しゅうちょう》の頭飾《あたまかざり》のように光芒《こうぼう》が射《さ》して来るのが見えました。あまり有難《ありがた》い感《かん》じがしましたので、思わず合掌《がっしょう》しまして神想観《しんそうかん》と同じように瞑目《めいもく》していました。そのうちに、ピタリと歯痛《しつう》が止まってしまいましたのです。眼《め》をひらいて御講演の声《こえ》のして来る演壇《えんだん》の方《ほう》を見ますと、不思議《ふしぎ》なことには先生のお姿《すがた》が全然《ぜんぜん》見えないで、白髪《しらが》のとても大きな姿の老翁《ろうおう》が演壇に立っていられるのです。真白《まっしろ》い長い眉《まゆ》がとても房々《ふさふさ》として蔽《おお》いかぶさるように生《は》え、その口髭《くちひげ》も真白《まっしろ》で眉《まゆ》と同じく房々《ふさふさ》している。白髯《はくぜん》が腹《はら》のところまで下《さ》がっていて、実《じつ》に柔《やわら》かな温《あたた》か味《み》のある中《なか》に威厳《いげん》のある御姿《おすがた》でした。その御姿《おすがた》から受ける感じは支那《しな》の古代《こだい》の医術《いじゅつ》の神様《かみさま》神農伏羲氏《しんのうふくぎし》というような感じ

材木信治氏　『生命の實相』にもたびたび登場する熱心な信徒。本全集第二十八巻「宗教問答篇」上巻第二章、第五十四巻「道場篇」上巻等参照

光芒　尾を引いた光のすじ

野蛮人　文化が開けていない地域に住む人々

威厳　堂々としていておごそかなさま

支那　中国大陸またはその一部の地域に対して用いられた地理的呼称。また、王朝や政権の名を超えた通史的な呼称でもある

神農　中国古代の伝説上の帝王

伏羲氏　中国古代の伝説上の帝王。神農、女媧と共に三皇の一人

でありました。その大きな白髪《しらが》の老翁《ろうおう》の顔《かお》をよく見ていますと、先生《せんせい》のお顔が老翁の顔の真中《まんなか》に小さく見えました。このお姿《すがた》を私《わたくし》は一時間《じかん》あまりも連《れん》続《ぞく》して眺《なが》めていました。三月二十日《がつはつか》の軍人会館《ぐんじんかいかん》での第《だい》二回目《かいめ》の御講演《ごこうえん》の際《さい》にも私《わたくし》は参《まい》りましたが、その時《とき》は私《わたくし》の精神統一《せいしんとういつ》が悪かったせいか、その神様《かみさま》のお姿をチラチラと幾度《いくど》も短時間《たんじかん》ずつ眺《なが》め得《え》ただけで、前回《ぜんかい》のように一時間も連続して見つづけていることは出来《でき》ませんでした。尤《もっと》も前回は私《わたくし》は合掌《がっしょう》瞑目《めいもく》して神想観同様《しんそうかんどうよう》のことをした後《あと》でしたから精神《せいしん》がよく統一《とういつ》していたのでありましょう。」

なお谷口先生《たにぐちせんせい》が昭和《しょうわ》十年《ねん》四月八日大阪国民会館《ようかおおさかこくみんかいかん》で御講演中《ごこうえんちゅう》に顎髯《あごひげ》の生《は》えた神様のお姿を拝《おが》んだといって、本山村字田中井上喜久磨《もとやまむらあざたなかいのうえきくま》氏《し》と尼崎市外小《あまがさきしがいお》田村《だむら》の原義一氏《はらぎいちし》が先生をお見送《みおく》りに来たときにいった。原義一氏は谷口先生の前額《ぜんがく》に冠《かんむり》のような形《かたち》が見えたようにも見えたが、それは明《あきら》かではなかったそうである。

大阪国民会館 昭和七年に武藤山治が設立した社団法人國民會館が同八年に大阪城の前に建設したビル。千二百名を収容できる、当時としては数少ない施設であった

講演中荘厳《こうえんちゅうそうごん》なる神姿《しんし》を拝《はい》す

頭注版㉞二二五頁

辻村楠造翁《つじむらくすぞうおう》に紹介《しょうかい》されて生長《せいちょう》の家誌友《いえしゆう》になった建築家《けんちくか》斎藤氏《さいとうし》は三月第一日曜日《がつだいにちようび》の服部氏邸《はっとりしてい》に於《お》ける誌友会《しゆうかい》で数名《すうめい》の生長の家誌友《しゆう》が二月九日《ここのか》の講演席上《こうえんせきじょう》で谷口先生《たにぐちせんせい》が長い顎鬚《あごひげ》を生《は》やしていたのを目撃《もくげき》したと精華女学校《せいかじょがっこう》の先生《せんせい》はじめ数名《すうめい》が証言《しょうげん》したので、不思議《ふしぎ》なこともあるものだと半信半疑《はんしんはんぎ》でいたのだった。そして軍人会館《ぐんじんかいかん》での第二回目の講演会《こうえんかい》に出席《しゅっせき》して谷口先生の御講《ごこう》演《えん》を聴《き》いていた。ところが御講演の途中《とちゅう》で谷口先生に顎鬚《あごひげ》が生《は》えたのが見えて来た。服部氏邸《はっとりしてい》での集《あつま》りで顎鬚《あごひげ》が生《は》えて見える話を以前《いぜん》に聴《き》いていたので、そんなことは実際《じっさい》はないのに、ただ幻覚《げんかく》でそう見えるのではなかろうかと斎藤氏は自分《じぶん》の眼《め》を疑《うたが》って、眼《め》を幾度《いくど》も擦《こす》っては注視《ちゅうし》したが、やはり顎鬚《あごひげ》があるように見えるのである。斎藤氏は幻覚に捉《とら》われまいとして、眼《め》を瞑《つぶ》っ

精華女学校　明治二十二年に加藤とし子が現在の東京都新宿区に開校した女子独立学校が前身。明治四十一年に精華高等女学校に改称した

てしばらくしてから眼《め》を開《ひら》いた。顎鬚《あごひげ》は半白《はんぱく》のようで、時々《ときどき》その寸法《すんぽう》が長く見えたり短く見えたりした。顎鬚《あごひげ》が顎《あご》の先から生《は》えているように見えたり、咽喉《のど》のところを這《は》うように見えたりするのだ。これは光線《こうせん》の具合《ぐあい》で陰影《いんえい》のさせる幻覚《げんかく》ではないか。齋藤氏《さいとうし》はまた眼《め》を瞑《つぶ》った。そして再《ふたた》びそれを見定《みさだ》めるために眼《め》をひらいた。やはり顎鬚《あごひげ》が見えるのだ。顎鬚《あごひげ》のある誰《たれ》かの姿《すがた》と谷口《たにぐち》先生《せんせい》のお姿とが重なり合っているようにも見えるのだ。その誰《たれ》かの姿は笏《しゃく》を持っているようにも見えた。幻覚か何《なん》だろう。齋藤氏は再び眼《め》を瞑《つぶ》った。

もう谷口先生の御講演《ごこうえん》は終《おわ》りに近づいていた。齋藤氏が再び眼《め》を開《ひら》いたとき、谷口先生のお姿は掻《か》き消《け》すように消えてしまっていてただ講演《こうえん》の声《こえ》だけが聞《きこ》えて来ていた。そして谷口先生のお姿のかわりに、そこに、普通人《ふつうじん》よりも余程《よほど》大きく見える白髯《はくぜん》の老翁《ろうおう》の姿が立っていた。ニス塗《ぬり》の演壇《えんだん》の机《つくえ》の色《いろ》が真黒《まっくろ》に変《かわ》り、後方《こうほう》に垂《た》れた幔幕《まんまく》の演壇の高さと同じ辺《あた》りから下方《かほう》は、一面《めん》に白色《はくしょく》の台《うてな》のように変《かわ》って、その台《うてな》の上のところには老翁《ろうおう》の姿の左右《さゆう》に、御《み》

半白　白髪混じりの髪

笏　束帯(礼服)を着用する際、右手に持つ木または象牙の板

ニス塗　樹脂を溶剤に溶かした塗料で仕上げたもの。顔料を含まず光沢のある透明な薄膜を形成する

幔幕　軍陣や式場などで周りに張り巡らす横に長い幕

うてな　極楽往生した者の座るという蓮の花の形をした台。蓮台(れんだい)

御簾　神前や宮殿などで用いられるすだれ

簾《す》が浮《う》き出《だ》して来て、その御簾《みす》には鏤《ちりば》めたように星がチラチラ輝《かがや》いているのだ。これが果《はた》して幻覚《げんかく》だろうか。齋藤氏《さいとうし》は呆然《ぼうぜん》と眺《なが》めていた。眼《め》は現実《げんじつ》にハッキリと見開《みひら》いているのだ。谷口先生《たにぐちせんせい》は、茶色《ちゃいろ》の羽織《はおり》を着ていられたのにその白髯《はくぜん》の神様《かみさま》は緑色《みどりいろ》の、竪《たて》に縞《しま》のような光《ひかり》のある着物を着てい、講演《こうえん》が将《まさ》に終《おわ》ろうとする挨拶《あいさつ》の言葉が始まった瞬間《しゅんかん》、その白髯《はくぜん》の神様の姿《すがた》は消えて、元《もと》の谷口先生のお姿に帰った。齋藤氏はその時《とき》の白髯《はくぜん》の神様の姿がいつでも想《おも》い出《だ》せる程《ほど》ハッキリと心に印象《いんしょう》づけられた。そして、その神様の姿を写生《しゃせい》した絵を辻村楠造翁《つじむらくすぞうおう》に見せた。谷口先生もそれを面白《おもしろ》がって御覧《ごらん》になった。まだ、そのほかにも、この霊姿《れいし》を見たものはたくさんあった。

真理《しんり》の説《と》かれる所《ところ》神は顕《あらわ》れる

明石《あかし》の某寺《ぼうじ》の戸川貞子《とがわていこ》さんが「生長《せいちょう》の家《いえ》」の真理で数年来《すうねんらい》の病気《びょうき》が癒《い》え

着てい　着ていて

将に　これから。今にも

霊姿　神々しい姿

頭注版㉞二一七頁

明石　兵庫県南部の市。東経一三五度の日本標準時子午線の通過標柱がある

て、自分自身《じぶんじしん》が人々《ひとびと》の病気《びょうき》を癒《い》やす力《ちから》を授《さず》かったとき、某寺《ぼうじ》の随身《ずいしん》が病気になった。随身《ずいしん》と称《しょう》する、その「おつき」の人《ひと》はなかなか「生長《せいちょう》の家《いえ》」の真《しん》理《り》を信じなかった。戸川貞子《とがわていこ》さんは少《すこ》しく激《げき》していた。「私は真理をあなたにお話しするのです。真理は神様《かみさま》の言葉です。あなたは私が話をすると思っていますが、これは神様がお話をするのです。」貞子《ていこ》さんは覚《おぼ》えず自分《じぶん》の唇《くちびる》からこういう厳《おごそ》かな強い語調《ごちょう》が迸《ほとばし》り出《で》るのを聞いた。その瞬間《しゅんかん》貞子さんの後方《こうほう》に輝《かがや》く洗面器《せんめんき》大《だい》の光《ひかり》が見えた。パーッとその光が随身《ずいしん》の方向《ほうこう》へ射《さ》して往《い》っていた。戸川さんはみずから驚《おどろ》いて振向《ふりむ》いた程《ほど》であった。

谷口先生《たにぐちせんせい》は被仰《おっしゃ》った。「生長の家の神様の神示《しんじ》に『誰《たれ》にてもあれ、生命《せいめい》の実相《じっそう》を説《と》く所《ところ》に吾《わ》れは姿《すがた》を顕《あらわ》さん。吾《わ》れは生命《せいめい》の実相であるから』とあります。それは肉体《にくたい》から後光《ごこう》が射《さ》したとお思いになってはいけません。『生命《せいめい》の実相』の真理が神なのですから、生命《せいめい》の実相を説く時《とき》、誰《たれ》からでも光が出るのです。生命《せいめい》の実相を説きながら戸川貞子さんも自身《じしん》の後《うしろ》から出る光に驚い

随身　寺に身を寄せて寺務や住職の世話などをすること。また、その人

激する　はげしく荒荒しくなる

覚えず　知らず知らず

「誰にてもあれ…」　昭和七年五月五日に著者に天降った「無限供給の神示」にある言葉。この神示は昭和十年刊黒布表紙版『生命の實相』第四巻等に掲載された

た。私が講演中《こうえんちゅう》私から後光《ごこう》が射《さ》すのを見た人《ひと》があるのも、私の肉体《にくたい》から後光が射《さ》したのだと思ってはなりません。私が話すとき、それが生命《せいめい》の実相《じっそう》の言葉なら光《ひかり》を発《はっ》するのです。生命《せいめい》の実相の言葉から発するということが判《わか》れば、『生命《せいめい》の實相《じっそう》』の本を読んだり読みきかせたりして、それで病気《びょうき》が治《なお》るという理由《りゆう》も判《わか》る。話す人は誰《たれ》であっても『生命《せいめい》の実相』の言葉を発すれば、実相の言葉は神であるからそこには治《なお》す生命波動《せいめいはどう》を発し、霊視力《れいしりょく》の発現《はつげん》した人には光を発したように見えるのです。これは個人《こじん》の徳《とく》ではなく、光《こう》明化運動《みょうかうんどう》に与えられた特権《とっけん》です。」

神秘《しんぴ》の手

木藤房子《きとうふさこ》さんは四、五ヵ月前《げつまえ》から左の手の神経痛《しんけいつう》で自分《じぶん》で髪《かみ》を結《ゆ》ったり、自分で帯《おび》を結んだりするのに不便《ふべん》を感《かん》じていた。なかなか治《なお》らないのは四十《しじゅう》

霊視力 霊的なものを感じる力

光明化運動 著者が生長の家立教の使命とするもの。完全円満な「神の子」としての実相が顕現し、すべての人を光明化するという目的を持った宗教運動

頭注版㉞二二八頁

四十肩、五十肩 四十～五十歳頃に肩に痛みを感じて腕が上がらなくなること

肩《かた》、五十肩とかいう年《とし》の加減《かげん》ででもあるように思っていた。或《あ》る人《ひと》に教《おし》えられて木藤《きとう》さんは『生命《せいめい》の實相《じっそう》』を得《え》て火鉢《ひばち》に片肘《かたひじ》衝《つ》きながら読んでいた。読んでいるうちに木藤《きとう》さんは眠《ねむ》くなって来て、読んでいるのか眠っているのか自分《じぶん》にも判《わか》らなかった。と誰《たれ》か自分の腕《うで》を後方《こうほう》から押すものがあった。ハッと気がつくとその瞬間《しゅんかん》自分の神経痛《しんけいつう》は治《なお》ってしまっていた。後方から木藤《きとう》さんを押した神秘《しんぴ》の手は果《はた》して何《なん》の手であるか誰《たれ》にも判《わか》らなかった。

火鉢　炭火で部屋を暖める暖房器具。昭和初期まで一般的に使用された

神の言葉は理窟《りくつ》ではない

『生長《せいちょう》の家《いえ》』誌友《しゆう》のある人《ひと》は、この一ヵ月《げつ》ばかり前《まえ》から身体《からだ》を悪くしてどうしてもそれが治《なお》らなかった。どこに自分の心の間違《まちがい》があるかも自覚《じかく》していた。人を憎《にく》んではいけない、赦《ゆる》さなければならないと思っていてもどうしても赦《ゆる》せるような気持《きもち》になれなかった。生長《せいちょう》の家《いえ》は他《た》の道徳行《どうとくぎょう》のように努力《どりょく》

頭注版㉞二二九頁

して赦《ゆる》すのではなく、自然《しぜん》に赦《ゆる》せるようになるのが本当《ほんとう》だと思ったが、その自然に赦《ゆる》せるようになるのはどうしたらなれるのか不明《ふめい》であった。或《あ》る日《ひ》の夕方某氏《ゆうがたぼうし》は『生命《せいめい》の實相《じっそう》』第《だい》一巻《かん》を披《ひら》いてその巻頭《かんとう》の「汝《なんじ》ら天地一切《てんちいっさい》のものと和解《わかい》せよ」の神示《しんじ》を読んでいた。その時《とき》、不思議《ふしぎ》に正坐合掌《せいざがっしょう》して読んでいた。つづいて「生長《せいちょう》の家《いえ》の食事《しょくじ》をとるときには、先《ま》ず兄弟《きょうだい》を赦《ゆる》し、兄弟と仲直《なかなお》りして食事をとらなければならない」という意味《いみ》の神示《しんじ》を読んでいた。それは既《すで》にこれまで幾度《いくど》も読んだところであった。しかし今日《きょう》は合掌して、それを真《しん》に神御自身《かみごじしん》の口《くち》ずから説《と》き給《たま》う言葉として読んでいた。読んでいるうちに心がスーと軽くなって来たのを覚《おぼ》えた。総《すべ》ての人《ひと》を今赦《いまゆる》している自分《じぶん》を見出《みいだ》していた。肩《かた》が軽くなり、全身《ぜんしん》が軽くなり、身体《からだ》の病《やまい》が憑《つ》きものの落ちたかのように快《よ》くなったのを感《かん》じた。同氏《どうし》は初《はじ》めて、聖典《せいてん》を読むときの心構《こころがま》えの大切《たいせつ》なことを知った。今迄《いままで》、同氏はそれに書いてあることを分《ぶん》析《せき》し、理解《りかい》し、心に詰《つ》め込《こ》もうとのみ思って読んでいた。しかし、今はじめ

「生長の家の…」 昭和五年十一月四日に著者に天降った「生長の家の食事」の神示。昭和七年発行の初版革表紙版『生命の實相』、同十年発行の黒布表紙版全集第一巻の巻頭に収録

口ずから その人自身の口から

て『生命《せいめい》の實相《じっそう》』の言葉が真《しん》の神の言葉であって、それを合掌礼拝《がっしょうらいはい》して読む時《とき》、それは理解《りかい》するのではなく、記憶《きおく》するのではなく、ただ読んでいるだけで、その言葉のリズムだけで自分《じぶん》の心が改《あらた》まって行《い》ったものであることを体験《たいけん》した。これは大きな発見《はっけん》であった。神の言葉は理窟《りくつ》でもなく、理解でもなく、ただ神の言葉であるからという理由《りゆう》だけで尊《とうと》いのであった。「神光《ひかり》あれと宣《のたま》いければ光ありき。」何故《なぜ》神は光あれと宣《のたま》うのであるか、何故《なぜ》光あれと宣《のたま》うたら光が出現《しゅつげん》したのであるか、それは、理窟《りくつ》でも理論《りろん》でもない。神さまの言葉であるが故《ゆえ》に尊く、神さまの言葉であるが故《ゆえ》に然《し》かるのである。「汝《なんじ》ら天地《てんち》一切《いっさい》のものと和解《わかい》せよ」――なぜそうせねばならぬかな？　とは理論の問題《もんだい》ではない。合掌礼拝《がっしょうらいはい》してその言葉を読んでいるとき、自然《しぜん》に天地一切のものと和解している自分を見出《みいだ》すのである。

「神光あれと…」『旧約聖書』冒頭の「創世記」第一章三節の言葉。本全集第十九巻「万教帰一篇」上巻参照
宣う　おっしゃる
然かる　そうである

霊術《れいじゅつ》では真《しん》に病気《びょうき》は治《なお》らぬ

服部仁郎氏《はっとりにろうし》の御子《おこ》さんを小学校《しょうがっこう》で受持《うけも》っている栗原訓導《くりはらくんどう》は以前《いぜん》に一色《いっしき》春峰《しゅんぽう》という人《ひと》から離魂療法《りこんりょうほう》というのを伝授《でんじゅ》されて他人《たにん》の病気を治《なお》してみるとかなり多くの人々《ひとびと》の病気が治《なお》ったが、自分《じぶん》の家《いえ》に病人《びょうにん》が絶《た》えず、不幸《ふこう》の絶《た》え間《ま》がないのを妙《みょう》に思っていたのであったが、その後一色春峰氏《ごいっしきしゅんぽうし》が死ぬ、良人《おっと》の跡《あと》をついで病気治療《びょうきちりょう》をしていた一色夫人《いっしきふじん》が死ぬ。これはいよいよ変《へん》なことであると思っていたときに、栗原訓導は「生長《せいちょう》の家《いえ》」に紹介《しょうかい》されたのであった。

「どうしてこんなに一色《いっしき》さんや、吾々《われわれ》に不幸が起《おこ》るのでありましょうか」と栗原訓導は谷口先生《たにぐちせんせい》にお尋《たず》ねした。

「霊術で病気を治《なお》すということは因果《いんが》を撥無《はつむ》することになるから善《よ》くないの

頭注版㉞二三〇頁

栗原訓導 昭和十年に『主婦之友』の生長の家探訪記事で紹介された栗原保介。本全集第五十四巻「道場篇」上巻一〇七頁、第二十二巻「教育篇」三七頁等参照

訓導 旧制の小学校の正規の教員。現在の教諭にあたる

因果を撥無する 原因結果の法則を否定してはねつけること。撥無因果

だ。病人《びょうにん》は病気《びょうき》になるべき因《いん》がある。その因《いん》を滅尽《めつじん》する悟《さと》りに導《みちび》かないでいてただ横合《よこあい》から霊術《れいじゅつ》という暴力《ぼうりょく》によって治《なお》すということになると、因果《いんが》の大法《たいほう》を破《やぶ》ることになるから、折角《せっかく》その病気を機縁《きえん》として悟りに導かれようとしている人《ひと》に妨《さまた》げをすることになる。だからその人は因果《いんが》の大法《たいほう》を破った報《むく》いを自身《じしん》に受けなければならないのだ。生長《せいちょう》の家《いえ》では病気を霊術で治《なお》すなどということはしない。心を悟りに導いて、心の悟りの投影《とうえい》として病気が自然《しぜん》に治《なお》るのだ」と谷口先生《たにぐちせんせい》は被仰《おっしゃ》った。

栗原訓導《くりはらくんどう》はその後《ご》家族中《かぞくじゅう》健康《けんこう》になり、病気の生徒《せいと》などはただ一回《かい》その生徒に生長の家の真理《しんり》の話をするだけで治《なお》るようになった。

聖経《せいきょう》『甘露《かんろ》の法雨《ほうう》』について

頭注版㉞二三一頁

聖経『甘露《かんろ》の法雨《ほうう》』が如何《いか》に偉大《いだい》な功徳《くどく》があるかは誌友諸氏《しゆうしょし》の常《つね》に公表《こうひょう》

滅尽　あとかたもないほどに消滅させること
横合　横の方。かたわら
投影　物事の姿や形を影として映し出すこと

せるところである。元《もと》の駐米公使《ちゅうべいこうし》某氏《ぼうし》が直腸癌《ちょくちょうがん》に罹《かか》って帝大病院《ていだいびょういん》に入院《にゅういん》したとき、その夫人《ふじん》が「生長《せいちょう》の家《いえ》」に入信《にゅうしん》して真理《しんり》と信仰《しんこう》とで治《なお》そうと努《ど》力《りょく》せられたが、「今施術《いましじゅつ》しなければ、この二日間《ふつかかん》が生命《いのち》を保《も》つかどうか請合《うけあ》えぬ」と医者《いしゃ》がいうので施術《しじゅつ》に反対《はんたい》する夫人に「もし施術《しじゅつ》しないで亡《な》くなったらあなたは責任《せきにん》が負《お》えますか」と親戚一同《しんせきいちどう》が詰《つ》め寄《よ》るので、夫人は仕方《しかた》なしに施術《しじゅつ》に承諾《しょうだく》した。医者は直腸《ちょくちょう》の癌部《がんぶ》を切《き》り除《と》って、腹部《ふくぶ》に人工肛門《じんこうこうもん》を作った。施術《しじゅつ》は美事《みごと》に行《おこな》われたが、その予後《よご》はよくなかった。患者《かんじゃ》は非常《ひじょう》に苦しみを訴《うった》えて、殊《こと》に夜間《やかん》は烈《はげ》しく悪夢《あくむ》に襲《おそ》われて呻《うめ》き苦しみ、看護《かんご》の人々《ひとびと》も到底側《とうていそば》で坐視《ざし》しているに忍《しの》びない程《ほど》であった。色々手当《いろいろてあて》を尽《つく》したがその悪夢は止《や》まなかった。

夫人の娘《むすめ》、恵藤《えとう》たま氏《し》は心痛《しんつう》してその頃住吉《ころすみよし》にいられた谷口先生《たにぐちせんせい》に、どうしたらこの悪夢が止《や》むでしょうかと、その処置《しょち》をお伺《うかが》いする手紙《てがみ》を出した。

すると谷口先生からは「病人《びょうにん》に聖経《せいきょう》『甘露《かんろ》の法雨《ほうう》』を誦《よ》んで聴《き》かせよ。そ

直腸癌　大腸の末端部で肛門に続く直腸にできる悪性腫瘍

施術　手術のこと

予後　病気の治療後の経過

坐視　黙って見ているだけで何の手出しもしないこと

の悩《なや》みは止《と》まるから」という返事《へんじ》があった。

早速《さっそく》、谷口先生《たにぐちせんせい》からの返事の通《とお》り『甘露《かんろ》の法雨《ほうう》』を病人《びょうにん》に誦《よ》みきかせると、その夜《よる》から病人は悪夢《あくむ》に襲《おそ》われることが無《な》くなった。以来《いらい》、苦しくなると病人は看護者《かんごしゃ》に『甘露《かんろ》の法雨《ほうう》』を誦《よ》んで下《くだ》さいといった。そしてそれを誦《よ》むと病人の苦しみは、いつも和《やわ》らぐのであった。

「聖経《せいきょう》『甘露《かんろ》の法雨《ほうう》』が尊《とうと》いのは、それには『生命《せいめい》の實相《じっそう》』が縮約《しゅくやく》して、経典《きょうてん》として誦《ず》しやすいようにリズミカルに書いてあるからだ」と谷口先生は被仰《おっしゃ》った。「それは『大般若経《だいはんにゃきょう》』に対《たい》する『般若心経《はんにゃしんぎょう》』のようなものである。しかし『甘露《かんろ》の法雨《ほうう》』全体《ぜんたい》の意味《いみ》は『生命《せいめい》の實相《じっそう》』の全巻《ぜんかん》を読んでみて初《はじ》めて明《あきら》かになるのだから、先《ま》ず『生命《せいめい》の實相《じっそう》』全巻を読んでその意味に通達《つうたつ》したのち『甘露《かんろ》の法雨《ほうう》』を祖先《そせん》の霊前《れいぜん》で誦《ず》するが好《よ》い。誦《よ》んでいる人《ひと》が意味が判《わか》って誦《よ》めば、その念波《ねんぱ》が霊界《れいかい》の祖先霊《そせんれい》に通《つう》じて祖先に悟《さと》りを開《ひら》かせることになる。誦《よ》む人自身《ひとじしん》にも意味がわからない唐訳《とうやく》のお経《きょう》の棒誦《ぼうよ》みでは、

縮約　短くまとめること
『大般若経』『大般若波羅蜜多経』の略。唐代の玄奘三蔵が大乗仏教の諸経典を漢訳して集大成した六〇〇巻に及ぶ経典
『般若心経』『般若波羅蜜多心経』の略。『大般若経』の精髄を二六二文字にまとめた最も短い仏教経典
通達　その道に深く達すること
唐訳　サンスクリット語の経典を漢訳した仏典のうち、唐代に玄奘(げんじょう)がインドから持ち帰って翻訳した「大蔵経」などを指す

誦《よ》んでもらう祖先《そせん》の霊魂《れいこん》たちにもどういう意味《いみ》か判《わか》らないので悟《さと》れない。霊《れい》界《かい》と現実界《げんじつかい》との交通《こうつう》は念の力によるのですから、よく理解《りかい》した真理《しんり》の念《ねん》で聖《せい》経《きょう》を祖先の霊前《れいぜん》で誦《よ》めば、それは霊界にも幼児《ようじ》にも、睡眠中《すいみんちゅう》の人《ひと》にも、感《かん》応《のう》するのです。」

「生長《せいちょう》の家《いえ》」の神の顕現《けんげん》

神の霊光《れいこう》が光明思想普及会《こうみょうしそうふきゅうかい》事務所《じむしょ》に顕現したと思われる事件《じけん》が起《おこ》った。生長の家と光明思想普及会とは赤坂区檜町《あかさかくひのきちょう》五番地《ばんち》所在《しょざい》山脇高等女学校《やまわきこうとうじょがっこう》の校《こう》舎全部《しゃぜんぶ》を譲《ゆず》り受《う》け、昭和《しょうわ》十年《ねん》八月《がつ》十一日《にち》よりその事務所を同校《どうこう》に移転《いてん》したのだ。

然《しか》るに同校には既《すで》に校舎譲受《ゆずりう》けの交渉成立当初《こうしょうせいりつとうしょ》より神様《かみさま》の御光《ごこう》であろう、燦然《さんぜん》たる光明《こうみょう》が三階《がい》の尖塔《せんとう》に射《さ》していた。それは八月一、二日頃会社側《にちごろかいしゃがわ》

感応　心が感じとりそれに反応すること

頭注版㉞二二三頁

光明思想普及会　昭和九年十一月に著者が設立した出版社。設立時の顧問は著者、社長は宮崎喜久雄。ここで最初の『生命の實相』全集(黒布表紙版)が発行され、月刊誌『生長の家』も引き継がれた

山脇高等女学校　明治三十六年に山脇玄、山脇房子夫妻により創立。現在の山脇学園中学校・高等学校の前身。昭和十年に校舎を赤坂丹後町に移転したため、赤坂檜町の校舎を譲り渡した

御光　後光。仏や菩薩の身体から発する光

燦然　光り輝いているさま

尖塔　先端のとがった塔

から山脇高女《やまわきこうじょ》譲受《ゆずりう》けの全体的交渉《ぜんたいてきこうしょう》が纏《まと》まった当時《とうじ》の出来事《できごと》であった。

同校《どうこう》には宿舎《しゅくしゃ》に住込《すみこ》みとして、学校《がっこう》の雑用《ざつよう》にいそしむ勤勉《きんべん》で深切《しんせつ》な藤井《ふじい》忠三郎《ちゅうさぶろう》さん老夫婦《ろうふうふ》がいた。藤井《ふじい》のおばさんは非常《ひじょう》な信仰家《しんこうか》で、毎日神棚《まいにちかみだな》に供物《くもつ》や、お光《ひかり》を捧《ささ》げてお祈《いの》りするのが日課《にっか》の一《ひと》つであった。このおばさんは、こうした信仰心《しんこうしん》から生《うま》れる当然《とうぜん》の顕《あらわ》れとして、以前《いぜん》から、不思議《ふしぎ》な神示《しんじ》や、霊感《れいかん》があり、それが現象界《げんしょうかい》の事実《じじつ》に的中《てきちゅう》して、時々老主人《ときどきろうしゅじん》を驚《おどろ》かすような幾多《いくた》の体験《たいけん》を持っている不思議なおばさんである。

八月初旬《がつしょじゅん》（学校譲受交渉成立《がっこうゆずりうけこうしょうせいりつ》の頃《ころ》）藤井おばさんは、六、七歳《さい》の孫娘《まごむすめ》さんを同伴《どうはん》して、附近《ふきん》のお湯屋《ゆや》へ行《ゆ》こうとした途中《とちゅう》こんな霊異《れいい》が起《おこ》った。

学校前《がっこうまえ》の電車通《でんしゃどお》りに出て、何心《なにごころ》なく電車道《でんしゃみち》の向《むこ》う側《がわ》から校舎《こうしゃ》の方《ほう》へ目を注《そそ》ぐと、暗中《あんちゅう》に建《た》つ校舎の二階《かい》から三階にかけ一面《いちめん》に真赤《まっか》な明光《めいこう》が照《て》り輝《かがや》いている。さながら陽炎《かげろう》の燃《も》え立《た》つ如《ごと》く一種《いっしゅ》の異様《いよう》の霊光燦然《れいこうさんぜん》として、おばさんの目を驚かしたのであった。藤井のおばさんは、学校の夜《よる》を預《あず》かってい

お光　神仏にあげる燈明

的中　まとにあたることより、予想や予言などが正しくあたること

湯屋　風呂屋

霊異　人智でははかり知れない不思議なこと

何心なく　何気なく

さながら　まるで。ちょうど

陽炎　春のうららかな日に地上から立つ水蒸気によって光が揺らいで見えるもの。かぎろい

る責任《せきにん》の立場《たちば》からも、校舎《こうしゃ》の室内《しつない》に点燈《てんとう》などなきは、勿論《もちろん》承知《しょうち》であり、且《か》つその燦《さん》たる霊光《れいこう》が、電燈《でんとう》などの人為的《じんいてき》な明《あか》りでなく正《まさ》しく日常信仰祈願《にちじょうしんこうきがん》の都度《つど》時々霊視《ときどきれいし》する、何《なに》か神様《かみさま》の霊現《れいげん》たるを直感《ちょっかん》すると同時《どうじ》に、未《いま》だかつて体験《たいけん》せざる霊感《れいかん》に打たれ、只事《ただごと》ならぬ大異変《だいいへん》の近日中《きんじつちゅう》に起《おこ》るべきを直覚《ちょっかく》したのである。藤井《ふじい》のおばさんは、あまりにも不思議《ふしぎ》な、この霊光《れいこう》の正体《しょうたい》を尚《なお》も確《たし》かむる為《ため》、わざわざ電車通《でんしゃどお》りの向《むこ》う側《がわ》より市電線路《しでんせんろ》を越《こ》えて学校側《がっこうがわ》に近寄《ちかよ》り暫時《ざんじ》直立不動《ちょくりつふどう》のまま全身《ぜんしん》に快《こころよ》く注《そそ》ぎ来《く》る異様《いよう》の霊感《れいかん》を浴《あ》び、心身《しんしん》頗《すこぶ》る爽快《そうかい》を覚えつつ、世《よ》に珍《めず》らしきこの霊光《れいこう》を仰視《ぎょうし》していたが、ふと危険地《きけんち》帯《たい》に残されたる同伴孫娘《どうはんまごむすめ》の安否《あんぴ》に心を移《うつ》して引返《ひきかえ》し、孫娘に向《むか》いあの霊光《れいこう》を拝《おが》めと指示《しじ》したが孫娘の目には只々暗中《ただただあんちゅう》に建てる校舎のみ、何物《なにもの》もなきに、驚《おどろ》き騒《さわ》ぐ老祖母《ろうそぼ》の顔《かお》を見上《みあ》げて不思議に思うのみであった。その光明《こうみょう》は当然《とうぜん》孫娘の肉の眼《め》に映《えい》ずべき照明《しょうめい》ではなかった。藤井のおばさんは、この霊光《れいこう》は只事《ただごと》ならざる異変《いへん》の二、三日中《にちちゅう》に起《おこ》るべき前兆《ぜんちょう》と予断《よだん》し、万一災禍《まんいちさいか》

直覚　瞬間的に物事の本質をとらえること。直観

暫時　しばらくの間

仰視　あおぎ見ること

前兆　まえぶれ

予断　前もって判断すること

災禍　天災などによるわざわい。思いがけない災難

の何事《なにごと》か学校《がっこう》にあらざるかを慮《おもんぱか》り明朝《みょうちょう》は特《とく》に預《あずか》り守る学校に異変《いへん》なきを神に祈願《きがん》すべく、思念《しねん》して一夜《いちや》を明《あ》かし、翌朝早々学校構内《よくちょうそうそうがっこうこうない》に鎮座在《ちんざま》しますと伝え聞くお稲荷様《いなりさま》を迎《むか》え祈願礼拝《きがんらいはい》すれば、驚《おどろ》くべし、未《いま》だかつて覚えざる心身《しんしん》の爽快《そうかい》と異様《いよう》の霊動《れいどう》は全身《ぜんしん》に発動《はつどう》して限《かぎ》りなき霊感《れいかん》に驚くのみであった。

　こうした事実《じじつ》の体験後三日《たいけんごみっか》を経《へ》て山脇高女《やまわきこうじょ》の建物全部《たてものぜんぶ》が「生長《せいちょう》の家《いえ》」の真理宣布機関《しんりせんぷきかん》たる光明思想普及会《こうみょうしそうふきゅうかい》に譲渡《じょうと》されたのであった。藤井《ふじい》のおばさんは、（藤井老夫婦《ふじいろうふうふ》は当時《とうじ》まだ「生長の家」の何《なん》たるかを知らなかったので）先夜《せんや》の霊光顕現《れいこうけんげん》と光明思想普及会とが何《なん》の関係《かんけい》があるか判然《はんぜん》しなかったが、その後光明思想普及会事務所《ごこうみょうしそうふきゅうかいじむしょ》の移転開設《いてんかいせつ》に伴《ともな》い、しばしば「生長の家」の神話《しんわ》や、神様《かみさま》の真理《しんり》を聴《き》くに及《およ》んで、初《はじ》めて藤井おばさんは、あの夜《よ》に校舎《こうしゃ》に映《えい》じた霊光燦然《れいこうさんぜん》たる顕現《けんげん》が、確《たし》かに「生長の家」の神の御霊光《ごれいこう》であったに違《ちが》いないと悟《さと》り、驚きながら筆者《ひっしゃ》に以上《いじょう》の事実《じじつ》を事珍《ことめず》らしく物語《ものがた》ったの

慮る　考えをめぐらす。深く思案する

鎮座在します　神が一定の場所にしずまっていらっしゃる

霊動　自己の霊または憑依した霊が発動して、身体の一部あるいは全体を振動させる現象

判然しない　はっきりしない

第五十五巻索引

＊頻度の多い項目は、その項目を定義、説明している箇所を主に抽出した。
＊関連する項目は→で参照を促した。
＊一つの項目に複数の索引項目がある場合は、一部例外を除き、一つの項目にのみ頁数を入れ、他の項目には→のみを入れ、矢印で示された項目で頁数を確認できるよう促した。(例　「実相の自分」「人間の生命」等)

〔う〕

〔え〕

〔お〕

〔か〕

〔き〕

〔こ〕

〔さ〕

〔す〕

〔せ〕

〔そ〕

〔た〕

〔ち〕

〔つ〕

〔て〕

〔の〕

〔は〕

〔ひ〕

〔ふ〕

〔へ〕

〔ほ〕

〔ま〕

〔み〕

〔む〕

〔め〕

〔も〕

〔や〕

〔ゆ〕

〔よ〕

〔ら〕

〔り〕

〔る〕

〔れ〕

〔ろ〕

〔わ〕

箴言・真理の言葉

であった。

（備考《びこう》）前記《ぜんき》藤井《ふじい》おばさんは、かつて神前《しんぜん》に祈願《きがん》の霊感神示《れいかんしんじ》により競馬好《けいばず》きの老主人《ろうしゅじん》が熱中《ねっちゅう》する競馬《けいば》の勝負《しょうぶ》を霊視予断《れいしよだん》して老主人を驚《おどろ》かした事実《じじつ》あり、その他《た》、郷里近親者《きょうりきんしんしゃ》の病気《びょうき》を神の思念《しねん》に依《よ》って治癒《ちゆ》せしめた経験《けいけん》など数多《あまた》の奇蹟《きせき》を残している感心《かんしん》な信仰《しんこう》おばさんである。

新編《しんぺん》 生命《せいめい》の實相《じっそう》 第五十五巻 道場篇《どうじょうへん》
弁道《べんどう》聴《き》き書《が》き(下)

令和五年四月五日 初版発行

著　者 谷口雅春《たにぐちまさはる》

責任編集 公益財団法人 生長の家社会事業団
谷口雅春著作編纂委員会

発行者 白水春人
発行所 株式会社 光明思想社
〒一〇三―〇〇〇四
東京都中央区東日本橋二―二七―九 初音森ビル10F
電話〇三―五八二九―六五八一
郵便振替〇〇一二〇―六―五〇三〇二八

装　幀 松本 桂
本文組版 ショービ
印刷・製本 凸版印刷
カバー・扉彫刻 服部仁郎作「神像」©Iwao Hattori,1954

ISBN978-4-86700-038-0

光明思想社の本

谷口雅春著

新編　生命の實相

責任編集　公益財団法人生長の家社会事業団　谷口雅春著作編纂委員会

数限りない人々を救い続けてきた
〝永遠のベストセラー〟！

第一巻	総説篇	七つの光明宣言
	光明篇	生命に到る道
第二巻	実相篇	光明の真理（上）
第三巻	実相篇	光明の真理（中）
第四巻	実相篇	光明の真理（下）
第五巻	生命篇	生命円相の真理（上）
第六巻	生命篇	生命円相の真理（中）
第七巻	生命篇	生命円相の真理（下）
第八巻	聖霊篇	燃えさかる聖霊の火（上）
第九巻	聖霊篇	燃えさかる聖霊の火（中）
第十巻	聖霊篇	燃えさかる聖霊の火（下）
第十一巻	実証篇	生長の家の奇蹟について
	精神分析篇	精神分析による心の研究
第十二巻	生活篇	「生長の家」の生き方（上）
第十三巻	生活篇	「生長の家」の生き方（下）
第十四巻	観行篇	神想観実修本義（上）
第十五巻	観行篇	神想観実修本義（下）
第十六巻	霊界篇	霊界と死後の生活（上）
第十七巻	霊界篇	霊界と死後の生活（中）
第十八巻	霊界篇	霊界と死後の生活（下）
第十九巻	万教帰一篇	真理の扉を開く（上）
第二十巻	万教帰一篇	真理の扉を開く（中）
第二十一巻	万教帰一篇	真理の扉を開く（下）
第二十二巻	教育篇	「生長の家」の児童教育法
第二十三巻	倫理篇	永遠価値の生活学（上）
第二十四巻	倫理篇	永遠価値の生活学（下）
第二十五巻	人生問答篇	人生の悩みを解く（上）
第二十六巻	人生問答篇	人生の悩みを解く（中）
第二十七巻	人生問答篇	人生の悩みを解く（下）
第二十八巻	宗教問答篇	人生の悩みに答う（上）
第二十九巻	宗教問答篇	人生の悩みに答う（中）
第三十巻	宗教問答続篇	人生の悩みに答う（下）
第三十一巻	自伝篇	神示を受くる迄（上）
第三十二巻	自伝篇	神示を受くる迄（中）

定価各巻　1,676円（本体1,524 円+税10%）

定価は令和五年三月一日現在のものです。品切れの際はご容赦ください。
小社ホームページ　http://www.komyoushisousha.co.jp/

光明思想社の本

第三十三巻 自伝篇 神示を受くる迄（下）
　　　　　 聖詩篇 生長の家の歌
第三十四巻 聖語篇 智慧の言葉
第三十五巻 経典篇 聖経『甘露の法雨』講義
　　　　　 　　　 聖経『天使の言葉』講義（上）
第三十六巻 経典篇 聖経『甘露の法雨』講義
　　　　　 　　　 聖経『天使の言葉』講義（下）
第三十七巻 常楽篇 久遠常楽の生活
　　　　　 参考篇 心が肉体に及ぼす力
第三十八巻 質疑篇 真理の応用及び拾遺
第三十九巻 教育実践篇 人間を作る法（上）
第四十巻 教育実践篇 人間を作る法（中）
第四十一巻 教育実践篇 人間を作る法（下）
第四十二巻 久遠仏性篇 常楽宗教の提唱（上）
第四十三巻 久遠仏性篇 常楽宗教の提唱（中）
第四十四巻 久遠仏性篇 常楽宗教の提唱（下）
　　　　　 真理体験篇 近眼・色盲等は治るか
第四十五巻 女性教育篇 母・妻・娘の聖書（上）
第四十六巻 女性教育篇 母・妻・娘の聖書（下）
第四十七巻 児童教育篇 子供への光

第四十八巻 聖典講義篇 山上の垂訓の示す真理
第四十九巻 宗教戯曲篇 耶蘇伝・釈迦と維摩詰・月愛三昧（上）
第五十巻 宗教戯曲篇 耶蘇伝・釈迦と維摩詰・月愛三昧（中）
第五十一巻 宗教戯曲篇 耶蘇伝・釈迦と維摩詰・月愛三昧（下）
第五十二巻 随喜篇 把住と放行（上）
第五十三巻 随喜篇 把住と放行（下）
第五十四巻 道場篇 弁道聴き書き（上）
第五十五巻 道場篇 弁道聴き書き（下）

（以下続刊）

第五十六巻 下化衆生篇 哲学の実践
第五十七巻 幸福生活篇 幸福生活への根本真理
第五十八巻 功徳篇 宝樹華果多し
第五十九巻 幸福篇 日輪めぐる（上）
第六十巻 幸福篇 日輪めぐる（中）
第六十一巻 幸福篇 日輪めぐる（下）
第六十二巻 仏教篇 いのちの解脱（上）
第六十三巻 仏教篇 いのちの解脱（下）
第六十四巻 家庭教育篇 家庭と教育の基礎（上）
第六十五巻 家庭教育篇 家庭と教育の基礎（下）

定価各巻　1,676円（本体1,524 円+税10%）

定価は令和五年三月一日現在のものです。品切れの際はご容赦ください。
小社ホームページ　http://www.komyoushisousha.co.jp/